BY SUSANN

CHUTNEYS

KOCHEN MIT KLEINEN
AROMAWUNDERN

VORWORT

Die Küchen dieser Welt sind voll von spannenden Geschichten, doch nur wenige sind so ungewöhnlich wie die von Susann Till. Zugegeben: Als ich im vergangenen Jahr nach Stade ins Alte Land fuhr, um ein Porträt über sie zu schreiben, da reiste auch ein wenig die falsche Vorstellung mit. Und das, obwohl sie am Telefon alles erklärt hatte. Aber gut, es ging um eine 73-Jährige, die in einem berühmten Obstanbaugebiet wohnt und Früchte einkocht. Wessen Fantasie würde sich da nicht für einen klitzekleinen Moment dem Klischee ergeben? Großmütter, Fachwerkhöfe, karierte Deckchen auf Marmeladengläsern. Falscher könnte man natürlich nicht liegen.

Tatsächlich schmeckt auch die Marmelade von Susann Till hervorragend. Aber lieber kocht sie Chutneys, weil deren Aromen vielschichtiger sind. Und in einem Alter, in dem andere lange den Ruhestand genießen, hat Till ein Unternehmen gegründet. Ein kleines, doch wie soll man es anders nennen, wenn sie von früh bis spät in ihrer Küche vor zwei Riesentöpfen steht und das Früchtemus darin an 200 Läden im ganzen Land ausliefert? Wie sie das in so kurzer Zeit geschafft hat, fragt sich die Köchin wohl selbst oft. Klar, ihr Chutney ist gut. Aber ebenso wichtig ist, dass Till Denkverbote ablehnt. Einfach machen! Gläser in die Tasche stopfen, Feinkostmärkte abfahren, den Chefeinkäufer verlangen und zum Probieren auffordern!

So ist auch ihr Kochstil. Wo Susann Till am Herd steht, wirkt es improvisiert und zielstrebig zugleich. Fast traumwandlerisch kombiniert sie Obst und Gemüse, Lauch mit Feige und Oliven, Mango mit Mohrrübe, Spinat mit Zitronen-Chutney. Sie kocht nach Farben, wo es passt, erfindet Klassiker wie „Birnen, Bohnen und Speck“ neu oder überzieht Basilikum mit weißer Schokolade. Anleitung und Mengenangaben sind für ein Kochbuch unverzichtbar. Doch am liebsten wäre es Till, wenn man darauf verzichten könnte. (Hobby-)Köche sollten ihren eigenen Kopf haben, Rezepte ändern, alles kreativ mischen, findet sie. „Ich bin doch kein Guru, Kochen soll Spaß machen.“ Recht hat sie. Mit etwas Glück eröffnen sich da ganz neue Welten.

Marten Rolff

> „GEHT NICHT, GIBT'S NICHT! PROBIER AUS!“

BY SUSANN

LIEBE AUF DEN ERSTEN BISS

Ob würzig und fruchtig, süß und sauer, scharf und herb – jedes Chutney ist eine echte Überraschung für den Gaumen. Man könnte auch sagen, eine kleine kulinarische Wundertüte. Susann Till probierte ihr erstes Chutney schon als Kind und war sofort begeistert von der exotischen „Marmelade“. Seit vielen Jahren kreiert sie selbst immer wieder neue Varianten. Jetzt erzählt sie, warum sich in ihrem Leben nun alles um Chutneys dreht.

BY SUSANN

DIE GESCHICHTE DER LADY CHUTNEY

Ihr Leben wäre guter Stoff für einen tollen Film: spannend, voller überraschender Wendungen – und schließlich mit einem wunderbaren Happy End! Susann Till ist vieles: Couture-Schneiderin und DIY-Talent, Mutter und Großmutter, sozial engagierte Helferin. Und neben all diesem auch noch eine begeisterte Köchin. Ihre Leidenschaft für exotische Chutneys hat ihr Leben noch einmal total verändert …

Wie kommt man nur auf so eine Idee? Im Alter von knapp 70 Jahren einfach noch mal ganz neu zu starten und sich ein eigenes Business aufzubauen?! Verrückt? Ja, unbedingt! Das Leben schreibt manchmal eben verrückte Geschichten. Und manchmal fühlt es sich auch an wie ein Chutney: mal würzig-herb, mal fruchtig-süß. Jedenfalls immer eine Überraschung.

Susann Till ist so eine Verrückte, im besten Sinne des Wortes. Mit sieben Sorten Chutneys fängt sie 2012 an, kocht die ersten 100 Gläser ein. Kurz darauf wird die Neu-Unternehmerin aus der Kleinstadt Stade in der Nähe von Hamburg bereits mit dem „Mutmacher Preis" ausgezeichnet. Denn mutig ist sie wirklich. Ihr Optimismus ist ansteckend, ihre Vitalität mitreißend und ihre Tatkraft unerschrocken. Woher sie so viel Energie nimmt? „Ich liebe einfach das Leben! Es findet heute statt und nicht morgen!", sagt sie bestimmt. Von genau diesem Gefühl hat sie sich immer leiten lassen. Geboren 1943 in Berlin, aufgewachsen im schwäbischen Waiblingen in der Nähe von Stuttgart, macht Susann auf Drängen des Vaters eine Lehre als Schneiderin.

Sie entdeckt die Freude am kreativen Arbeiten mit Farben, Formen und Schnitten, ist die Beste bei der Abschlussprüfung. Später geht sie nach Hamburg, schneidert Couture-Kleider für einen kleinen, feinen Kundenkreis. Sie wird Mutter von zwei Söhnen, aber früh auch zweimal Witwe. Susann Till hat eine schier unglaubliche Lebensenergie. Ihr großer Antrieb ist stets die Frage: Was mache ich aus meinem Leben? Sie findet immer eine Antwort. Auch als sie vor ein paar Jahren nach einem Unfall im Garten fast ihre linke Hand verliert. Damals lautete die Antwort: Irgendwas mit Kochen!

AUS PASSION WIRD BUSINESS

Susann Till hat schon immer leidenschaftlich gern gekocht. Wenn neue Obst- und Gemüsesorten auf den Markt kamen, war sie stets die Erste, die sie ausprobierte. Früh kochte sie nach Farben, experimentierte mit Gewürzen und entwickelte im Laufe der Jahre ein phänomenales Gespür für Aromen. So machte sie schließlich aus ihrer Passion ein echtes

ICH BAUE ALLE KRÄUTER BEI MIR IM GARTEN AN. DA HABE ICH SIE SCHNELL ZUR HAND UND SIE SIND BESONDERS AROMATISCH.“

Business. Und zog in ihrem Haus in Stade mitten im Alten Land, einem der größten Obstanbaugebiete Deutschlands, ein kleines Imperium auf.

Das Reich der Chutney-Königin ist ihre nur fünf Quadratmeter große Küche, in der Susann Till sich gerade einmal um die eigene Achse drehen kann. Hier produziert sie inzwischen mit zwei fleißigen Helferinnen jede Woche 1000 Gläser ihrer köstlichen Chutneys. Überhaupt dreht sich dort alles nur noch um Chutneys. Die Spülmaschine wird exklusiv für das Sterilisieren der Gläser genutzt. Dafür spült Susann Till alles Geschirr lieber mit der Hand. Zum Vorbereiten der frischen Zutaten ist in der Küche gar kein Platz. Obst und Gemüse werden im früheren Arbeitszimmer geschnitten, Gewürze stapeln sich hier in durchsichtigen Kunststoffboxen bis unter die Decke. Im Kühlschrank lagern feinste Schokoladen-Pralinés – natürlich gefüllt mit Chutneys.

Eine Garage wurde kurzerhand zum Lager für die fertige Produktion umfunktioniert. Susann Till lebt Pragmatismus pur! Wenn sie kocht, ist die Autodidaktin in ihrem Element. Da wird ausprobiert, abgeschmeckt, neu komponiert. Sie lässt sich dabei ganz von ihrer Intuition und Erfahrung leiten. Ihre Philosophie erklärt sie so: „Bei mir gibt es keine exakten Mengenangaben. Ich will keine Vorschriften machen. Das nervt mich.“ Für dieses Buch hat sie dennoch ein paar Empfehlungen gegeben, damit es Kochanfängern leichter fällt – aber im Grunde soll jeder nach Herzenslust Mengen und Zutaten variieren. Und am besten einfach ausprobieren. Selbst wenn mal etwas nicht so gut gelingen sollte. Das passiert hin und wieder sogar einer Expertin wie Susann Till. Alle Küchenkreationen fotografiert sie ganz selbstverständlich mit ihrem Smartphone, postet längst die schönsten Fotos auf Instagram und Facebook. Das Erfolgsrezept der Chutney-Queen klingt simpel: „Man fliegt manchmal auf die Nase. Aber davon darf man sich nicht entmutigen lassen.“

„FÜR MEINE CHUTNEYS KAUFE ICH ALLES FRISCH AUF DEM MARKT, AM LIEBSTEN IN BIO-QUALITÄT.“

„MAN HAT IMMER DIE CHANCE, SEIN LEBEN ZU VERÄNDERN“

Susann Till hat sich mit einer kleinen Chutney-Manufaktur selbstständig gemacht – in einem Alter, in dem die meisten ihren wohlverdienten Lebensabend genießen. Und hat sich damit in kurzer Zeit ein kleines Imperium aufgebaut. Prominente Fans wie TV-Koch Christian Rach lieben ihre kulinarischen Kreationen. Sie beeindruckt Profis wie den Berliner Starkoch Tim Raue mit ihren Kenntnissen und überzeugt selbst renommierte Gastrokritiker mit ihrer Aromenvielfalt.

Woher kam die Idee für Ihr Chutney-Business?
Es waren meine Söhne, die mich eines Tages auf die Idee brachten, als sie sagten: „Mami, du kochst doch so toll!“ Ich habe schon als junge Frau Chutneys gekocht, wusste das aber gar nicht. Das war für mich gewürzte Marmelade. Mit Estragon und Basilikum. Später kamen Chili, Curry und Harissa hinzu. Durch die Arbeit an einem Flüchtlingsprojekt lernte ich schließlich ganz neue Gewürze kennen.

Sie kommen eigentlich aus einem ganz anderen Bereich, haben früher Couture-Mode in Ihrem eigenen Atelier geschneidert. Warum haben Sie noch einmal ganz neu angefangen?
Viele Jahre habe ich exklusive Kleider und Roben geschneidert. Später habe ich meine Kundinnen auch in Sachen Styling beraten, ihre Kleiderschränke optimiert. Dann habe ich mich bei der Gartenarbeit ganz unglücklich an der linken Hand verletzt, sie anschließend durch einen Infekt fast verloren. Dann konnte ich nicht mehr so, wie ich wollte, und habe mir etwas Neues einfallen lassen.

Das klingt so einfach, aber wie schafft man das dann auch tatsächlich?
Ich musste mich damals einfach ablenken. Ich möchte negative Gedanken nicht in mein Gehirn lassen, mein Leben davon nicht bestimmen lassen. Denn die Psyche spielt ja auch immer eine Rolle. Als ich meine Hand verlieren sollte, habe ich mir einen Ring mit einem richtig dicken Klunker gekauft, mir den an den Finger gesteckt und zu meiner Hand gesagt: „So jetzt benimm dich auch wie eine Hand. Sieh gut aus!“ Und dann habe ich mich gefragt: Was mache ich jetzt mit dem Rest meines Lebens?

Kochen ist Ihre große Leidenschaft?
Ja, ich koche einfach wahnsinnig gern. Aber bei mir muss es schnell gehen und lecker sein. Schon vor 40 Jahren habe ich Apfelgelee mit Rosa Pfeffer oder Rhabarbergelee mit Kräutern gemacht. Und immer ohne Zucker, weil mein Sohn das nicht vertragen hat. Deshalb fing ich an, alles Mögliche auszuprobieren und auch Gewürze selbst im Garten anzubauen.

Woher kommt die Liebe zu ungewöhnlichen Aromen?
Ich war immer neugierig auf ganz unterschiedliche Geschmackserlebnisse. Ich habe alle neuen Früchte und Gemüsesorten ausprobiert. Dann fing ich an, nach Farbgruppen zu kochen oder Säure mit natürlicher Süße wieder auszugleichen. Ich habe einfach immer viel experimentiert und so im Laufe der Jahre ein Gefühl für Aromen entwickelt.

Wie haben Sie dann schließlich mit Ihrem kleinen Unternehmen angefangen?
Erst mal habe ich einen Kurs für Gründer bei der Industrie- und Handelskammer gemacht. Lauter junge Leute und ich! Aber ich starte eben erst, wenn ich das nötige Wissen habe. Ich starte nicht einfach so ins Leere. Das ist für mich Zeitverschwendung. Meine Freunde mussten dann Probe essen. Ich habe für sie mit meinen damals sieben Chutneys ein Sieben-Gänge-Menü gekocht. Dann bin ich im März mit 100 Gläsern gestartet und zu Weihnachten lief der Verkauf in der Boutique einer Freundin.

Sie selbst sind die beste Werbung für Ihr Produkt …
Ich stehe total dahinter, ich brenne dafür. Und bin mir auch für nichts zu schade. Ich habe immer ein Glas Chutney und Flyer in der Tasche.

War der Schritt in die Selbstständigkeit als fast 70-Jährige schwer?
Man muss wissen, dass man wenig Schlaf bekommt, wenig Zeit für Freunde bleibt. Und man es auch nur mit der Hilfe von Freunden und Familie schafft, die hinter einem stehen und einen bestärken. Für mich ist das kein Hobby, sondern ein Fulltime-Job. Aber es macht Riesenspaß!

Welchen Rat würden Sie anderen reiferen Gründern geben?
Keine Verträge machen! Gerade als Ältere. Wenn man da unter Druck kommt, wird es Stress. So kann ich jeden Tag aufhören.

„ICH HABE EINFACH IMMER VIEL EXPERIMENTIERT UND SO IM LAUFE DER JAHRE EIN GEFÜHL FÜR AROMEN ENTWICKELT."

CHUTNEYS — DIE BASICS

Die wichtigsten Basics sind natürlich die Zutaten. Frisches Obst und Gemüse am besten in Bio-Qualität, weil vieles gleich mit Schale verarbeitet wird. Dazu reichlich Kräuter und Gewürze, ganz nach Lust und Laune. Sonst noch was? Ein Mixer mit ordentlich Power und ein Topf. Das war's? Ja! Und dann am besten einfach loskochen!

WIE DAS CHUTNEY ZU UNS KAM

Sie sind süß und sauer, fruchtig und herb, samtig und scharf – und gehören zur indischen Küche wie Currys, Reis und Fladenbrot: Chutneys sind einzigartige Aromawunder und ihre Vielfalt ist schier unendlich. Immer neue Kompositionen sorgen für wahre Geschmacksexplosionen auf der Zunge.

Die Geschichte der Chutneys beginnt schon vor über 2000 Jahren in Indien. Ursprünglich waren sie würzige Saucen oder Cremes, die aus frischen Zutaten zubereitet und zu vielen Speisen gereicht wurden. Da in Indien mit der rechten Hand gegessen wird, konnten die köstlichen Saucen direkt von den Fingern geleckt werden. Und „lecken" heißt auf Hindi „chatni".

Anfangs konnten sich nur wenige Wohlhabende einen solchen Luxus zur Verfeinerung ihrer Gerichte leisten. Im Laufe der Jahrhunderte jedoch wurden Chutneys zum festen Bestandteil der indischen Küche. Heute gibt es unzählige Variationen von Chutneys, sie sind so vielfältig wie die Regionen des riesigen Subkontinents mit seinen exotischen Früchten und Gemüsen. Chutneys werden in Indien immer noch meistens frisch zubereitet und geben vielen Gerichten eine zusätzliche Geschmackskomponente oder mildern die typische Schärfe indischer Gerichte. Fast jede indische Familie hat ihre eigenen Chutney-Rezepte, die von Generation zu Generation weitervererbt und abgewandelt werden. Die besondere Note geben jeweils ganz individuelle Gewürzmischungen.

Während der britischen Kolonialherrschaft von 1858 bis 1947 entdeckten die Engländer die würzigen Saucen. Aus dem Hindi-Wort „chatni" wurde das englische „chutney". Die Briten kamen schnell auf den Geschmack und brachten die kulinarische Köstlichkeit schließlich nach Europa. Für den langen Seeweg jedoch mussten die Saucen haltbar sein. So fügten die Engländer Essig hinzu, die Chutneys wurden nun gekocht und in Gläsern „eingemacht". Ihre Konsistenz veränderte sich von flüssig-cremig zu einer Art Mus mit Stücken von Frucht und Gemüse. Die Kolonialherren adaptierten die indischen Chutneys an den britischen Geschmack, entwickelten eigene Rezepte und so entstanden immer neue Varianten wie das wohl berühmteste aller Chutneys – das Mango-Chutney.

Auch Susann Till lernte Chutneys von einem Engländer kennen. Sie war noch ein Kind, als ein Freund ihres Vaters die exotische „Marmelade" zu einem Abendessen mitbrachte, und konnte nicht ahnen, dass Chutneys eines Tages ihr Leben verändern würden …

DAS GEHÖRT IN DEN VORRAT

DAS WICHTIGSTE

Diese fünf Basics sollten Sie abgesehen von Chutneys immer im Haus haben, da sie allen Gerichten die richtige Würze verleihen:

Currypaste – sie verleiht gleich volles Aroma und ist lange haltbar.

Chili – einfach frische Chilischoten mit etwas Wasser zu einem Püree mixen und die Masse in einem Gefrierbeutel einfrieren. Beim Kochen dann je nach Bedarf mit dem Messer die nötige Menge herunterkratzen. So lässt sich die Schärfe leichter dosieren als mit ganzen Chilischoten.

Frische Kräuter – Basilikum, Rosmarin & Co. wachsen auch auf jeder Fensterbank (Sie können die frischen im Falle des Falles aber auch immer durch getrocknete Kräuter ersetzen).

Zwiebeln – ein zu Recht altbewährtes Gemüse, das viel Geschmack verleiht.

Gemüsebrühe – kein schlechtes Gewissen, wenn es mal eine gekörnte Brühe ist. Es muss nicht immer alles selbst gemacht sein.

IM KÜHLSCHRANK

Das sollte immer drin sein:
Butter, Joghurt, Frischkäse, Käse, Eier, Oliven, Senf, Chutney, Mayonnaise, Kochsahne, Currypaste (rot, gelb oder grün) und verschiedene frische Gemüse

IM VORRATSSCHRANK

Vor allem wenn Überraschungsgäste kommen, ist es toll, folgende Produkte als Grundausstattung im Vorratsschrank zu haben, mit denen sich auf die Schnelle vieles zaubern lässt:

Reis, Nudeln, Linsen, Kerne (z.B. Sonnenblumenkerne, Sesam), Nüsse, Mehl, Knäckebrot (rustikal) oder Baguette zum Aufbacken

Kräuter, **Obst** und **Gemüse** wie Kartoffeln, Zwiebeln, getrocknete Tomaten

Würzmittel wie Sojasauce, gekörnte Brühe (noch besser: flüssige Brühe aus dem Glas), Öl, Essig, Rote-Bete-Saft (für Saucen), Zucker, Vanillezucker und natürlich Salz und Pfeffer

Konserven wie Thunfisch oder Kokosmilch

Außerdem: Sofortgelatine oder Agar-Agar, Wein, Mineralwasser, Kaffeepulver (Espresso)

IM GEFRIERFACH

Und das sind meine kulinarischen Wunderwaffen aus dem Tiefkühlfach: **Chilipaste** aus dem Gefrierbeutel (siehe links)

Zitronen! Die sauren Früchtchen lassen sich gut einfrieren. Bei Bedarf aus dem Gefrierfach nehmen und die (unbehandelte) Schale abreiben. Dann die Zitronen etwas auftauen lassen und auspressen.

Nach Geschmack **Hähnchenbrust**, **Fisch** und **Scampi** (Letztere am besten in Öl legen und auftauen; so bleiben sie dick, frisch, laufen nicht aus und sind besonders geschmackvoll).

ALLES IST GESCHMACKSSACHE! MEINE KÜCHENTIPPS FÜR JEDE GELEGENHEIT

Das Wichtigste am Kochen: Es soll Spaß machen! Die Aromen zu entdecken, zu sehen, wie sich Zutaten verändern, vieles auszuprobieren – und natürlich mit Chutneys neue Geschmackswelten zu entdecken. Also lassen Sie Ihrer Fantasie beim nächsten Blick in den Kühlschrank einfach freien Lauf.

Seien Sie immer mutig und trauen Sie Ihrem Gaumen ruhig etwas zu!
Variieren Sie (auch in meinen Rezepten) Gemüsesorten, Fleisch, Fisch und Chutney-Sorte. Alles ist austauschbar, nichts ist vorgeschrieben und meine Rezepte sind nur ein kleiner Leitfaden. Immer wird es jemanden geben, dem etwas nicht schmeckt, aber bekanntlich lässt sich ja über Geschmack nicht streiten …

Seien Sie mit den Mengen flexibel und lassen Sie die Küchenwaage ruhig mal links liegen.
Nehmen Sie Grammangaben in Rezepten nicht so ernst, sie sollen nur eine Hilfestellung bieten. Mehr von einer Zutat hinzufügen können Sie immer, wieder herausnehmen nicht.

Meine Empfehlung für die Chutneys und die Rezepte:
Nehmen Sie am besten erst einmal die Hälfte der Gewürze, probieren dann und rühren gegebenenfalls den Rest unter, denn Gewürze entwickeln ihre Aromen erst nach geraumer Zeit. Ich nehme zunächst immer eine Finger- oder Messerspitze, dann ¼, ½ oder einen ganzen Teelöffel, dann einen Esslöffel als Maß. Denn auch hier gilt, mehr dazutun kann man immer.

Keine Angst vor Fertigprodukten!
Wer wenig Zeit hat, kann ruhig ein hochwertiges Fertigprodukt verwenden. Es ist wichtiger, mit der Familie zusammen zu essen, als lange in der Küche zu stehen.

Sparen Sie nicht am Küchenmixer!
Ein gutes Gerät zerkleinert alles ruckzuck und ist leicht zu reinigen.

Sie haben kein Gewürzöl im Haus?
Wenn Sie noch mehr Aroma möchten, fügen Sie dem verwendeten Öl etwas Knoblauch und frische Kräuterzweige (Rosmarin, Thymian, Oregano) zu.

Ist das Chutney zu flüssig?
Einfach einen Beutel Gelierfix 3:1 unterrühren. Kleine „Pannen“ wie diese passieren jedem, werden Sie einfach kreativ.

„ALLES IST AUSTAUSCHBAR. WENN SIE EIN GEWÜRZ NICHT MÖGEN, NEHMEN SIE IHR LIEBLINGSGEWÜRZ!“

JETZT GEHT'S LOS!

Chutney-Kochen ist nicht schwer, aber eine gute Vorbereitung ist das A und O für ein gelungenes Ergebnis. Abgesehen von Zutaten bester Qualität, ist absolute Sauberkeit wichtig, um eine lange Haltbarkeit des Chutneys zu garantieren. Zum Abfüllen eignen sich Gläser mit Schraubdeckeln.

GLÄSER VORBEREITEN ...

Zu den wichtigsten Schritten beim Chutney-Kochen gehört das gründliche Reinigen von Gläsern und Deckeln. Dafür die gewaschenen Gläser durch eine Schüssel mit heißem Wasser ziehen, herausnehmen und auf einem sauberen Brett kopfüber gut abtropfen lassen. Mit den Deckeln ebenso verfahren, sie müssen vor der Weiterverwendung ganz trocken sein!

... CHUTNEY EINFÜLLEN

Die Gläser sollten beim Einfüllen immer warm sein oder auf einem feuchten Tuch stehen, sonst besteht die Gefahr, dass sie zerspringen. Zum Einfüllen am besten einen kleinen Schöpflöffel und einen Trichter benutzen, so bleiben die Glasränder sauber. Sollten die Ränder doch einmal verschmutzt sein, unbedingt mit einem sauberen, feuchten Tuch oder Küchenpapier die Reste entfernen, da die Gläser sonst nicht dicht abschließen. Gläser immer bis auf ½ cm unter dem Rand befüllen und danach sofort verschließen.

... UND RICHTIG LAGERN

Chutneys sind ebenso lange haltbar wie Konfitüren – der Zuckergehalt ist allerdings deutlich niedriger, die Konservierung wird hier in erster Linie durch den Essig und die Senfkörner unterstützt. Ein geöffnetes Chutney sollten Sie im Kühlschrank aufbewahren und möglichst bald verzehren. Ungeöffnete Gläser immer kühl und dunkel lagern. Vergessen Sie nicht, Ihre Chutney-Gläser mit Abfülldatum und Inhalt zu beschriften.

MEINE BLITZREZEPTE

Zu müde zum Kochen? Es stehen Überraschungsgäste vor der Tür? Für solche Momente oder wenn Sie einfach nur Abwechslung auf dem Frühstückstisch suchen, bieten Chutneys das gewisse Extra.

SCHNELLE LIEBLINGSDIPS

Jedem Topf seinen Deckel, jedem Rezept seinen Dip! Chutneys sind das i-Tüpfelchen in einem Dip und geben ihm eine ganz besondere Note.

Für die schnellste Variante einfach Joghurt (zum Beispiel griechischen Joghurt mit 10 % Fett) oder Hüttenkäse in ein Schälchen geben, peu à peu etwas Chutney nach Wahl bis zur gewünschten Geschmacksintensität dazugeben und gut verrühren. Da fehlt noch Schärfe? Mit etwas Chili (oder frischen Kräutern) peppen Sie das Ganze auf (siehe Tipp S. 15). Nun noch etwas geröstetes Brot dazu – schneller können Sie Party- oder Überraschungsgäste nicht glücklich machen.

Diese Dips mache ich besonders gern für Familie, Freunde – und mich:

Tomaten-Dip: 4 EL griechischen Joghurt (10 % Fett), 2 EL Naturjoghurt, 2 bis 3 EL Tomaten-Chutney, Salz, Pfeffer aus der Mühle, nach Belieben etwas Knoblauch und gehacktes Basilikum verrühren und abschmecken. Der Dip schmeckt zu Ofenkartoffeln und Gemüse.

Oliven-Dip: 2 EL griechischen Joghurt (10 % Fett), 2 EL Italienisches Chutney, 2 EL Sojasauce und 3 cm milde Wasabipaste (jap. Meerrettich aus der Tube) verrühren. 1 EL grüne entsteinte Oliven fein hacken und unterrühren.

FRÜHSTÜCK MIT CHUTNEYS – GESUND UND LECKER

Ob als Brotaufstrich, für ein Müsli, einen fruchtigen Obstsalat oder eine Joghurtspeise: Mit Chutneys lässt sich ein schnelles Früchstück zubereiten. Dabei sind dem eigenen Geschmack und der Fantasie keine Grenzen gesetzt. Welches Brot oder welche Brötchen Sie nehmen, bleibt Ihnen überlassen.

Hier einige Vorschläge für Kombinationen, die besonders gut zusammenpassen:

Knäckebrot mit dünnen Avocadoscheiben belegen, etwas Mango-, Papaya-Zitronen- oder Tomaten-Chutney daraufklecksen.

Brötchen mit Frischkäse bestreichen und anstelle von Konfitüre einfach Walnuss-, Mango- oder Papaya-Zitronen-Chutney daraufgeben. Fertig!

Schwarzbrot mit Frischkäse bestreichen und mit Bananenscheiben belegen. Mango- oder Papaya-Zitronen-Chutney darauf verteilen.

... und das schnellste Frühstück aller Zeiten: Naturjoghurt in eine Schale füllen und ein Klecks Papaya-Zitronen-Chutney dazu!

DER SAISONKALENDER

Der erste Schritt für das Selbermachen von Chutneys ist, dass Sie ausschließlich qualitativ gutes und reifes Obst verwenden. Denn je aromatischer die Früchte sind, umso intensiver ist später der Fruchtgeschmack des Chutneys. Überreifes Obst sollten Sie nicht verarbeiten, denn diese Früchte haben bereits Aroma, Vitamine und Nährstoffe verloren. Besonders geschmackvoll sind Obst und Gemüse dann, wenn sie Saison haben – darum finden Sie in dieser Tabelle die Monate für heimischen Anbau. Exoten* gibt es oft das ganze Jahr. Kaufen Sie Obst und Gemüse am besten auf dem Wochenmarkt oder beim Gemüsehändler Ihres Vertrauens. Auch andere Zutaten, die Sie verwenden, wie Gewürze, Kräuter und Öle, sollten von guter Qualität sein.

DIE CHUTNEYS

Es gibt fast unendliche Variationen von Chutneys. Schließlich sind der Fantasie beim Mixen keine Grenzen gesetzt. Susann Till hat sechs ganz unterschiedliche Chutneys entwickelt – sie sind sozusagen die Basis. Zu jedem dieser Chutneys stellt sie fünf Gerichte vor, die perfekt dazu passen.

BIRNEN-CHUTNEY

Für 15 Gläser (à 150 g)

1 kg reife Birnen
250 g Zwiebeln
30 g Ingwer
400 g Zucchini (ersatzweise anderes Gemüse)
200 g Weintrauben
125 ml Birnenessig (ersatzweise Balsamico bianco oder Obstessig)
180 g Zucker
10 Passionsfrüchte
Saft und abgeriebene Schale von 1 Bio-Limette oder -Zitrone
20 g grüne Currypaste oder 25 g gelbe Currypaste
40 g gemahlene Senfkörner
1 geh. TL Garam Masala
1 geh. TL gemahlener Kardamom

1. Die Birnen waschen, vierteln und entkernen. Die Birnenviertel in kleine Stücke schneiden. Die Zwiebeln schälen und in feine Scheiben hobeln oder schneiden. Den Ingwer schälen und fein reiben. Die Zucchini putzen, waschen und in kleine Stücke schneiden. Die Weintrauben waschen.

2. Essig, Zwiebeln, Ingwer und Zucker in einen Topf geben und so lange köcheln lassen, bis die Zwiebeln butterweich sind.

3. Die Passionsfrüchte halbieren, das Innere herauslösen und durch ein Sieb in die Essig-Zwiebel-Mischung streichen. Limetten- oder Zitronensaft, Currypaste, Senfkörner, Garam Masala und Kardamom unterrühren. Die Trauben und Birnen dazugeben. Sobald alles heiß ist, die Zucchini hinzufügen.

4. Zum Schluss die Limetten- oder Zitronenschale unterheben. Das Chutney heiß in vorbereitete Gläser füllen und verschließen.

Meine 5 Lieblingsrezepte für Birnen-Chutney

Scampi-Chicorée-salat all'italiana
auf Seite 42

Birnen-Carpaccio mit Karamellnüssen
auf Seite 49

Grünes Wokgemüse mit Birnen-Chutney
auf Seite 87

Ravioli mit Birnen, Bohnen und Schinken
auf Seite 95

Birnen-Joghurttraum mit Walnüssen
auf Seite 100

MANGO-CHUTNEY

Für ca. 12 Gläser (à 150 g)

6 sehr reife Mangos
100 g getrocknete Mangostreifen
200 g Kaki
150 g Zwiebeln
50 g Ingwer
200 g Gelierzucker 3:1
¼ l heller Essig (5 % Säure)
2 geh. TL gelbe Currypaste
50 g gemahlene Senfkörner
½ TL Salz
nach Geschmack etwas frische Chilischote
200 ml Mangosaft
Saft und abgeriebene Schale von 2 Bio-Zitronen

1. Die Mangos schälen, das Fruchtfleisch auf den flachen Seiten vom Stein schneiden und in Stücke schneiden (ergibt 900 bis 1000 g). 200 g Fruchtfleisch mit dem Stabmixer in einem hohen Rührbecher pürieren. Die getrockneten Mangostreifen in kleine Stücke schneiden. Die Kaki waschen und in Stücke schneiden.

2. Die Zwiebeln schälen, in hauchdünne Scheiben hobeln oder schneiden und halbieren. Den Ingwer schälen und fein reiben.

3. Zwiebeln, Ingwer, Gelierzucker, Essig, Currypaste, Senfkörner, Salz und nach Geschmack geschnittene Chilischote in einen Topf geben und so lange köcheln lassen, bis die Zwiebeln butterweich sind. Mangopüree, frische und getrocknete Mango, Kaki und nach Bedarf bis zu 200 ml Mangosaft dazugeben und alles weich köcheln lassen.

4. Zum Schluss die Zitronenschale und den Zitronensaft unterrühren und das Chutney heiß in Gläser füllen. Sofort verschließen.

Meine 5 Lieblingsrezepte für Mango-Chutney

Tofu im Mangoldmantel
auf Seite 63

Thai-Curry mit Tofu und Zuckerschoten
auf Seite 72

Hähnchen-Mango-Curry
auf Seite 91

Brotburger mit Mango-Sauerkraut
auf Seite 92

Cremige Mango-Chutney-Torte
auf Seite 104

TOMATEN-CHUTNEY

Für 18 Gläser (à 150 g)

1 kg Tomaten
30 g Knoblauch
30 g Ingwer
200 g getrocknete Tomaten
200 g rote Paprikaschoten
200 g Äpfel
350 g rote Zwiebeln
200 ml Balsamico bianco (5 % Säure)
100 g brauner Zucker
200 g Cranberrys
(frisch oder getrocknet)
50 g rote Currypaste
50 g gemahlene Senfkörner
1 Bund Basilikum

1. Die frischen Tomaten waschen und in Stücke schneiden, dabei die Stielansätze entfernen. Den Knoblauch und den Ingwer schälen und in grobe Stücke schneiden. 200 g von den Tomaten, Knoblauch und Ingwer mit dem Stabmixer in einem hohen Rührbecher fein pürieren.

2. Die getrockneten Tomaten klein schneiden. Die Paprikaschoten längs halbieren, entkernen, waschen und in Stücke schneiden. Die Äpfel waschen, vierteln, entkernen und klein schneiden. Die Zwiebeln schälen, in feine Scheiben hobeln oder schneiden und vierteln.

3. Essig, Zwiebeln und Zucker in einen Topf geben und so lange köcheln lassen, bis die Zwiebeln butterweich sind. Getrocknete Tomaten, Paprika, Äpfel, Cranberrys, Currypaste und Tomaten-Knoblauch-Ingwer-Püree dazugeben und 10 bis 15 Minuten köcheln lassen.

4. Die restlichen frischen Tomaten und die Senfkörner dazugeben und so lange köcheln lassen, bis die Tomaten weich sind. Das Basilikum waschen, trocken tupfen, die Blätter fein hacken und unter das Chutney rühren. Heiß in Gläser füllen. Sofort verschließen.

Meine 5 Lieblingsrezepte für Tomaten-Chutney

Tomatensuppe mit Tomaten-Chutney auf Seite 56

Asiatische „Pizza“ mit Tomaten-Chutney auf Seite 67

Pellkartoffelauflauf mit Spitzkohl auf Seite 84

Würstchengulasch mit Tomaten-Chutney auf Seite 88

Joghurtnocken auf süßem Tomatenspiegel auf Seite 99

PAPAYA-ZITRONEN-CHUTNEY

Für 12 Gläser (à 150 g)

10 Bio-Zitronen
2 große Orangen
250 g Zwiebeln
2 kleine reife Papayas (ca. 700 g)
350 g reife und süße Birnen
3 mittelgroße Bananen
70 g Ingwer
250 g fester Honig
50 g Zucker
25 g gelbe Currypaste
50 g gemahlene Senfkörner
½ TL Zitronenpfeffer
1–1½ geh. EL Asiagewürz
½ TL Salz
1 geh. EL gemahlene Kurkuma
4 geh. EL Vanillezucker
2 EL (Gold-)Oreganoblätter

1. Die Zitronen heiß waschen und trocken abreiben. Von 5 Zitronen die Schale abreiben. Alle Zitronen und Orangen so schälen, dass die weiße Haut mit entfernt wird. Die Filets zwischen den einzelnen Trennhäuten herausschneiden und durch ein Sieb in einen Topf drücken.

2. Die Zwiebeln schälen, in feine Scheiben hobeln oder schneiden und hacken. Die Papayas halbieren, entkernen, das Fruchtfleisch herauslösen und klein schneiden. Die Birnen waschen, vierteln, entkernen und grob reiben. Die Bananen schälen und mit einer Gabel zerdrücken. Den Ingwer schälen, fein reiben und mit etwas Flüssigkeit (z.B. Zitronensaft) mischen.

3. Zitronen-Orangen-Saft, Zwiebeln, Honig, Zucker, Ingwer und Currypaste etwa 15 Minuten köcheln lassen. Birnen, Papayas, Senfkörner und die anderen Gewürze dazugeben und 10 Minuten weiterköcheln. Bananen hinzufügen und 5 Minuten köcheln lassen. Vanillezucker, fein geschnittenen Oregano und Zitronenschale dazugeben und kurz aufkochen. Heiß in vorbereitete Gläser füllen und verschließen.

Meine 5 Lieblingsrezepte für Papaya-Zitronen-Chutney

Fruchtig-Scharfer Glasnudelsalat **auf Seite 41**

Gefüllte Rote Beten mit Zucchinischlangen **auf Seite 45**

Tatar aus zweierlei Lachs **auf Seite 50**

Fruchtiger Spinat mit Pinienkernen **auf Seite 53**

Gebackener Spitzkohl **auf Seite 78**

ITALIENISCHES CHUTNEY

Für 12 Gläser (à 150 g)

100–130 g Frühlingszwiebeln
175 g grüner Apfel • 8 grüne Feigen
150 g getrocknete Feigen
2 reife Avocados
500 g kernlose Weintrauben
35 g junger Knoblauch
50 g Ingwer • 1 grüne mittelgroße Peperoni • 1 Glas grüne Oliven (370 g Füllmenge) • 300 ml Balsamico bianco • 100 g brauner Zucker
25–30 g grüne Currypaste
60 g gemahlene Senfkörner
je ½ TL gemahlener Kardamom, gem. Korianderkörner, gem. Zitronenpfeffer • 1½ EL Garam Masala
½–1 TL Salz • Saft und abgeriebene Schale von 1 Bio-Limette
3–4 EL gehackter Rosmarin
1 EL gehackter Oregano

1. Die Frühlingszwiebeln putzen, waschen und fein schneiden. Den Apfel waschen, vierteln, entkernen und klein schneiden. Die grünen Feigen waschen, in Stücke schneiden. Getrocknete Feigen klein schneiden. Die Avocados halbieren und die Steine entfernen. Die Avocados schälen und das Fruchtfleisch in Stücke schneiden.

2. Die Weintrauben waschen und 150 g davon halbieren. Den Rest mit dem Stabmixer pürieren. Den Knoblauch und den Ingwer schälen und hacken bzw. fein reiben. Die Peperoni waschen. Die Oliven abtropfen lassen, dabei die Flüssigkeit auffangen. Oliven fein schneiden. Knoblauch, Ingwer, Peperoni und Oliven mit der Olivenflüssigkeit fein pürieren.

3. Essig, Zucker und Frühlingszwiebeln in einem Topf etwa 15 Minuten köcheln lassen. Apfel, Olivenmischung und die halbierten Weintrauben dazugeben, 10 Minuten köcheln lassen. Avocados, frische und getrocknete Feigen und Traubenpüree hinzufügen, aufkochen. Currypaste, Senfkörner, Gewürze, Salz und Limettensaft unterrühren und etwa 10 Minuten kochen, bis alles weich, aber noch bissfest ist.

4. Die Limettenschale und die Kräuter unter das Chutney rühren. Heiß in vorbereitete Gläser füllen und verschließen.

Meine 5 Lieblingsrezepte für Italienisches Chutney

Spargelsalat grün-weiß
auf Seite 38

Zuckerschotensuppe
auf Seite 59

Lauch-Sushis mit grünem Reis
auf Seite 64

Überbackene Fenchelschiffchen
auf Seite 68

Feta-Wirsingrouladen
auf Seite 77

CASHEW-GRAPEFRUIT-CHUTNEY

Für 20 Gläser (à 150 g)

330 g Cashewkerne
300 g rote Zwiebeln
300 g Äpfel • 550 g rosa Grapefruits
530 g Bio-Orangen • 100 g Ingwer
Saft und abgeriebene Schale von 4 großen Bio-Zitronen
1 Vanilleschote • 1 Topf rotes Basilikum • 300 ml Aceto balsamico
80–100 g brauner Zucker
25 g rote Currypaste
500 g frische Cranberrys
50 g gemahlene Senfkörner
1–1½ geh. EL Tandooripaste
je ¼ TL gemahlener Sternanis, gem. Kardamom, gem. Macisblüte
1–2 EL gemahlene Rosa Pfefferbeeren
½ TL Salz • Chili nach Geschmack
3–4 EL Rübensirup

1. Die Cashewkerne in einer beschichteten Pfanne ohne Fett rösten und beiseitestellen.

2. Die Zwiebeln schälen, in feine Scheiben hobeln oder schneiden und klein schneiden. Die Äpfel waschen, vierteln, entkernen und klein schneiden. Die Grapefruits so dick schälen, dass die weiße Haut mit entfernt wird. Die Filets zwischen den Trennhäuten herausschneiden, ⅔ davon in Stücke schneiden, den Rest mixen. Die Orangen heiß waschen, trocken abreiben und von 3 Früchten die Schale abreiben. Alle Orangen filetieren und in Würfel schneiden.

3. Den Ingwer schälen, fein reiben und mit dem Grapefruitpüree und dem Zitronensaft fein mixen. Die Vanilleschote fein mahlen. Das Basilikum waschen, trocken tupfen und fein schneiden.

4. Essig, Zucker und Ingwer in einem Topf etwa 15 Minuten kochen. Die Currypaste einrühren. Äpfel, Orangen, Grapefruits und Cranberrys dazugeben und 10 Minuten köcheln lassen. Gewürze und Cashewkerne unter Rühren hinzufügen und erhitzen. Weiterrühren, damit die Masse nicht anbrennt. Zitronen- und Orangenschale sowie das Basilikum unterrühren. Mit Rübensirup abschmecken und nach Belieben nachwürzen. Heiß in vorbereitete Gläser füllen und verschließen.

Meine 5 Lieblingsrezepte für Cashew-Grapefruit-Chutney

Pilzsuppe
auf Seite 60

Gefüllte Aubergine mit Soja-Linsen-Mix
auf Seite 71

Zanderfilet mit ZucchiniStreifen
auf Seite 81

Lammrücken mit Chutney-Kruste
auf Seite 96

Vanille-Cashew-Creme
auf Seite 103

KOCHEN MIT CHUTNEYS

Chutneys allein sind ja schon superlecker. Aber ihre ganze Wirkung entfalten die Aromawunder als clevere Küchenhelfer! Mit ein paar Löffeln Chutney lassen sich im Handumdrehen Rezepte verfeinern – oder ganz geniale Gerichte zaubern. Auch hier gilt: am besten ganz nach Lust und Laune experimentieren!

SPARGELSALAT GRÜN-WEISS MIT ITALIENISCHEM CHUTNEY

Für 4 Personen

500 g weißer Spargel
500 g grüner Spargel
1 Bio-Zitrone
1½ EL Italienisches Chutney
2 TL Öl
1 TL Vanillezucker
Salz • Pfeffer aus der Mühle

1. Den weißen Spargel schälen und die holzigen Enden abschneiden. Den grünen Spargel waschen und im unteren Drittel schälen, die holzigen Enden abschneiden. Die Spargelstangen grob hobeln, in sehr dünne schräge Scheiben schneiden oder raspeln und in eine Schüssel geben.

2. Die Zitrone heiß waschen, trocken reiben und die Schale abreiben. Die Zitrone halbieren und den Saft auspressen. Das Italienische Chutney in eine Schüssel geben. Zitronensaft, -schale, Öl, Vanillezucker, Salz und Pfeffer hinzufügen und gut verrühren.

3. Das Chutney-Dressing über den Spargel geben, vermischen und gut durchziehen lassen. Dazu passen Baguette und ein Gläschen Weißwein.

TIPP

Ein richtiges Sattmachergericht wird daraus, wenn Sie den Salat mit geräucherten Forellenfilets oder Ofenkartoffeln und einem selbst gemachten Dip servieren, zum Beispiel einem Bärlauch-Schmand, der mit griechischem Joghurt verfeinert ist.

FÜR NOTIZEN:

....

....

....

FRUCHTIG-SCHARFER GLASNUDELSALAT

Für 4 Personen

40 g Glasnudeln
Salz
1–2 Mangos
1 Fenchelknolle
2 EL Papaya-Zitronen-Chutney
2–3 EL Zitronensaft
1–1½ EL Honig
2 EL Öl
Pfeffer
Chilischote oder -püree
(siehe Tipp S. 15)

1. Die Glasnudeln nach Packungsanweisung in kochendem Salzwasser zubereiten. In ein Sieb abgießen und abtropfen lassen.

2. Die Mangos schälen, das Fruchtfleisch auf den flachen Seiten vom Stein schneiden und in Streifen schneiden. Den Fenchel putzen und waschen, das Grün aufbewahren. Die Knolle halbieren, den harten Strunk entfernen und den Fenchel in feine Streifen schneiden.

3. Papaya-Zitronen-Chutney, Zitronensaft, Honig und Öl verrühren. Mit Salz, Pfeffer und Chili abschmecken. Die Salatzutaten mischen, das Dressing darübergeben. Mit dem Fenchelgrün garnieren.

TIPP

Den Salat nach Belieben mit gerösteten Erdnüssen bestreuen.

FÜR NOTIZEN:

.....

.....

.....

SCAMPI-CHICORÉE-SALAT ALL' ITALIANA

Für 4 Personen

12 tiefgekühlte Scampi
(ohne Schale, entdarmt)
Gewürzöl (siehe Tipp S. 16) oder Öl
4 Chicorée
2 Birnen
2 gelbe oder orangefarbene
Paprikaschoten
1 Bund Rucola
4–5 EL Birnen-Chutney
Salz • Pfeffer aus der Mühle
1 Bio-Zitrone

1. Die tiefgekühlten Scampi waschen, trocken tupfen und in einen Gefrierbeutel geben. So viel Öl dazugeben, dass sie bedeckt sind, den Beutel verschließen und die Scampi auftauen lassen.

2. Von dem Chicorée die äußeren Blätter entfernen und den Strunk keilförmig herausschneiden. Die Chicorée waschen und in große Stücke zupfen oder schneiden. Die Birnen waschen, halbieren, entkernen und das Fruchtfleisch grob raspeln. Die Paprikaschoten längs halbieren, entkernen, waschen und in dünne Streifen schneiden.

3. Den Rucola verlesen, waschen und trocken schleudern, grobe Stiele entfernen und die Blätter klein schneiden. Alle vorbereiteten Zutaten mischen und das Birnen-Chutney untermischen. Mit Salz und Pfeffer abschmecken.

4. Die Zitrone heiß waschen, trocken reiben und in Scheiben schneiden. Die aufgetauten Scampi in dem Öl in einer heißen Pfanne 3 bis 5 Minuten braten. Die Zitronenscheiben kurz mitbraten. Mit Salz und Pfeffer würzen. Den Salat mit Scampi und Zitrone anrichten. Dazu passt Baguette.

FÜR NOTIZEN:

GEFÜLLTE ROTE BETEN MIT ZUCCHINISCHLANGEN

Für 4 Personen

8 kleine gegarte Rote Beten
4 EL Frischkäse oder Ziegenfrischkäse
2 EL gehackter Rucola
4 EL Papaya-Zitronen-Chutney
Salz • Pfeffer aus der Mühle
2 kleine Zucchini
1 TL Honig
Chilifäden zum Anrichten

1. Von den Roten Beten jeweils den Deckel abschneiden und die Knollen mit einem kleinen Löffel aushöhlen. Das ausgehöhlte Rote-Bete-Fleisch klein schneiden und mit dem Frischkäse, dem Rucola, 2 EL Papaya-Zitronen-Chutney, Salz und Pfeffer verrühren. Die Roten Beten damit füllen.

2. Die Zucchini putzen, waschen und mit dem Spiralschneider in Spiralen schneiden oder der Länge nach mit dem Sparschäler dünne Scheiben abziehen. Übriges Papaya-Zitronen-Chutney, 2 bis 3 EL Wasser, Honig, Salz und Pfeffer verrühren. Abschmecken.

3. Kurz vor dem Servieren die Zucchini mit der Vinaigrette marinieren und auf Tellern anrichten. Die gefüllten Roten Beten daraufsetzen und mit wenigen Chilifäden dekorieren.

FÜR NOTIZEN:

ZWEIERLEI MÖHREN MIT DINKEL UND KOHLRABI

Für 2–4 Personen

60 g Dinkel
Salz • Pfeffer aus der Mühle
4 kleine Kohlrabis
8 Bundmöhren
Butter oder Öl zum Braten
Zucker
4 EL Mango- oder Papaya-Zitronen-Chutney
6 kleine Pilze

1. Den Dinkel in kochendem Salzwasser mit Pfeffer nach Packungsanweisung garen. Die Kohlrabis schälen, die grünen Blätter dranlassen, im Ganzen zum Dinkel geben und mitgaren.

2. Inzwischen die Möhren putzen und schälen, bei der Hälfte etwas Grün stehen lassen, das restliche Grün aufbewahren. Die Möhren ohne Grün mit dem Sparschäler in Streifen hobeln.

3. Etwas Öl in einer Pfanne erhitzen, die 4 Möhren im Ganzen und 1 Prise Zucker dazugeben und andünsten. ¼ l Wasser, Salz und Pfeffer dazugeben und so lange garen, bis das Wasser verkocht ist. Beiseitestellen.

4. Die Möhrenstreifen mit dem Mango- oder Papaya-Zitronen-Chutney in einer Pfanne etwa 2 Minuten garen. Die Pilze putzen und, falls nötig, trocken abreiben. Butter oder Öl in einer weiteren Pfanne erhitzen und die Pilze mit etwas Möhrengrün darin kurz dünsten. Inzwischen etwas Öl in einer kleinen Pfanne erhitzen und das restliche Möhrengrün darin frittieren.

5. Den Dinkel abgießen und mit den Kohlrabis auf Teller verteilen. Mit den zweierlei Möhren und dem frittierten Möhrengrün anrichten.

FÜR NOTIZEN:

WÜRZIGER KOHLAUFLAUF AUS DEM RÖMERTOPF

Für 4–6 Personen

1 Rot- oder Weißkohl
5 mittelgroße Zwiebeln
500 g Tomaten
1 kg Fleisch aus der Keule
(Lamm, Rind oder Schwein)
Gewürzöl (siehe Tipp S. 16)
Salz • Pfeffer aus der Mühle
ca. 4 geh. EL Italienisches oder
Tomaten-Chutney

1. Einen Römertopf wässern. Den Kohl putzen und in dünne Streifen hobeln oder schneiden. Die Zwiebeln schälen und in dünne Scheiben schneiden. Die Tomaten waschen und in dünne Scheiben schneiden, dabei die Stielansätze entfernen.

2. Das Fleisch in Würfel schneiden. In einer Pfanne 3 EL Gewürzöl erhitzen und das Fleisch darin rundum anbraten. Mit Salz und Pfeffer würzen.

3. Alle vorbereiteten Zutaten mit 2 bis 3 EL Chutney in den Römertopf schichten. Als obere Schicht mit Kohl abschließen. Das restliche Chutney daraufgeben, mit Salz und Pfeffer würzen und mit ½ Tasse Gewürzöl übergießen.

4. Den Backofen auf 200 °C vorheizen. Den Deckel auflegen und den Auflauf im Ofen auf der mittleren Schiene 30 Minuten garen. Die Temperatur auf 120 °C reduzieren und den Auflauf weitere 2 Stunden garen.

TIPP

Wenn Sie keinen Römertopf haben, nehmen Sie einfach eine Auflaufform mit Deckel oder einen Bräter. Dieser Auflauf ist perfekt für ein Essen mit Freunden oder der Familie, denn er lässt sich sehr gut vorbereiten. Wer mag, kann übrigens noch Kartoffelscheiben dazwischenschichten.

FÜR NOTIZEN:

BIRNEN-CARPACCIO MIT KARAMELLNÜSSEN

Für 4 Personen

3–4 Birnen
1 kleine Handvoll Feldsalat
1 kleine Handvoll Rucola
10 Champignons
4 TL Birnen-Chutney
6 Walnusskernhälften
1 TL Butter
1 TL Zucker
2 EL Granatapfelkerne
3 EL Granatapfelsaft
5 EL Öl
Salz • Pfeffer aus der Mühle

1. Die Birnen waschen, vierteln und entkernen. Die Birnenviertel in dünne Scheiben hobeln. Feldsalat und Rucola verlesen, waschen und trocken schleudern, grobe Stiele entfernen. Die Champignons putzen und, falls nötig, trocken abreiben. In Scheiben schneiden.

2. Die Birnenscheiben auf vier Teller verteilen und mit dem Birnen-Chutney bestreichen. Den Feldsalat und den Rucola mittig daraufgeben. Die Champignons darüber verteilen.

3. Die Walnüsse hacken. Die Butter mit dem Zucker in einer Pfanne schmelzen, die Nüsse dazugeben und karamellisieren. Herausnehmen. Die Walnüsse und die Granatapfelkerne über dem Carpaccio verteilen.

4. Granatapfelsaft, Öl, Salz und Pfeffer zu einem Dressing verrühren und über das Birnen-Carpaccio träufeln.

TIPP

Karamellisierte Walnüsse lassen sich fantastisch auf Vorrat zubereiten: Die Nüsse einfach in Kunststoffbecher oder Gläser füllen und gut verschließen.

FÜR NOTIZEN:

TATAR AUS ZWEIERLEI LACHS MIT PAPAYA-ZITRONEN-CHUTNEY

Für 4 Personen

125 g sehr frisches Lachsfilet (ohne Haut)
125 g Räucherlachs oder Stremellachs
1 kleine Zwiebel
1–1½ EL Kapern
2 geh. EL Papaya-Zitronen-Chutney
geriebener Ingwer
1 Spritzer Zitronensaft
Salz • Pfeffer aus der Mühle

1. Das Lachsfilet waschen, trocken tupfen und in feine Würfel schneiden. Den Räucherlachs oder Stremellachs fein hacken. Die Zwiebel schälen und fein würfeln. Die Kapern hacken.

2. Alle vorbereiteten Zutaten mischen. Das Chutney dazugeben und das Tatar mit Ingwer, Zitronensaft, Salz und Pfeffer abschmecken.

TIPP

Crème fraîche oder Mayonnaise mit entkernten, klein gehackten Tomaten und gehacktem Dill nach Geschmack verrühren und als Dip dazu servieren.

FÜR NOTIZEN:

FRUCHTIGER SPINAT MIT PINIENKERNEN

Für 4 Personen

1 kg junger Spinat
1 rote Zwiebel
2–3 EL Olivenöl
3 EL Pinienkerne
3–4 EL Papaya-Zitronen-Chutney
Salz • Pfeffer aus der Mühle
frisch geriebene Muskatnuss

1. Den Spinat verlesen und waschen. In einer Pfanne oder einem Wok gerade so wenig Wasser erhitzen, dass der Boden bedeckt ist. Den Spinat dazugeben und etwa 2 Minuten andünsten. Aus der Pfanne nehmen und beiseitestellen.

2. Die Zwiebel schälen und in feine Würfel schneiden. Das Olivenöl in der Pfanne erhitzen und die Zwiebel und die Pinienkerne darin anbraten. Den Spinat wieder dazugeben und erhitzen. Mit dem Papaya-Zitronen-Chutney, Salz, Pfeffer und 1 Prise Muskatnuss abschmecken. Der Spinat passt sehr gut zu gebratener Hähnchenbrust oder gebratenem Lachsfilet.

TIPP

Eine nette Idee für Gäste sind Spinat-Bruschetta: den Spinat auf getoastete Weiß- oder Schwarzbrotscheiben verteilen, Parmesankäse darüberreiben und unter dem Backofengrill überbacken.

FÜR NOTIZEN:

SPEZIALITÄTEN AUS MEINER KÜCHE

Es gibt Rezepte, die ich besonders oft und gerne zubereite: Das Blätterteiggebäck ist schnell gemacht – also toll für Gäste. Die lieben auch meinen Schokokuchen, der auf Messen und Verkostungen der Renner ist. Und der Vanillezucker ist einfach wunderbar wandelbar und überall einsetzbar.

BLÄTTERTEIGSTANGEN MIT KÄSE

Für etwa 20 Stück den Backofen auf 220 °C vorheizen. **1 Blätterteig** (270 g, aus dem Kühlregal) aufrollen und in etwa 2 cm breite Streifen schneiden. Mit etwas **Tomaten-Chutney** bestreichen und mit **geriebenem Käse** (z.B. mittelaltem Gouda, Appenzeller oder Pecorino) bestreuen.

Die Streifen etwas zusammendrehen, mit Backpapier auf das Blech legen und im Ofen auf der mittleren Schiene nach Packungsanweisung goldbraun backen.

TIPP

Wenn Sie gerade kein Chutney zur Hand haben, können Sie die Blätterteigstreifen nur mit verquirltem Ei bestreichen, mit Sesam, Mohn oder Käse bestreuen und backen. Die Stangen kann man in einer Blechdose gut aufbewahren.

BLÄTTERTEIGROLLEN MIT SCHINKENFÜLLUNG

Für etwa 20 Stück den Backofen auf 220 °C vorheizen. **1 Blätterteig** (270 g, aus dem Kühlregal) aufrollen und mit etwa **100 g Tomaten-Chutney** bestreichen. Nach Belieben hauchdünne Scheiben **Schinken oder geriebenen Käse** (z.B. Parmesan) und/oder **gehackten Rosmarin** darauf verteilen. Mit **Salz** und **Pfeffer** würzen.

Die Teigplatte aufrollen. In etwa 2 cm dicke Scheiben schneiden, mit Backpapier auf das Blech legen und im Ofen auf der mittleren Schiene nach Packungsanweisung goldbraun backen.

TIPP

Für Naschkatzen und Kinder gibt es auch eine süße Variante: Dafür ein **Kirsch- oder Beeren-Chutney** nehmen (Konfitüre geht auch), den Teig aufrollen und in Scheiben schneiden. Mit **Zimt** und **Zucker oder Vanillezucker** bestreuen, backen und als Nachtisch mit Vanillesauce servieren.

SAFTIGER SCHOKOKUCHEN MIT CHUTNEY

Für 1 Kuchen

Für den Kuchen
150–200 g Schokolade
(99 % Kakaoanteil)
80 g Butter
3 Eier
60 g Zucker
Salz
100 g Amarettini
6 EL Saft oder Likör
2 Gläser Chutney (à 150 g) nach Wahl

Außerdem
100 g Schokolade (99 % Kakaoanteil)

Für den Überzug
Chiliflocken, gehackte Nüsse oder andere Garnitur

1. Die Schokolade grob hacken und mit der Butter über dem heißen Wasserbad schmelzen. Die Eier, den Zucker und 1 Prise Salz mit den Quirlen des Handrührgeräts über dem heißen Wasserbad so lange dickschaumig aufschlagen, bis sich das Volumen der Eiermasse um das 6- bis 8-Fache vergrößert hat. Anschließend vom Wasserbad nehmen und so lange rühren, bis die Masse fast kalt ist.

2. Den Backofen auf 180 °C Umluft vorheizen. 2 kleine Springformen (à 18 cm Durchmesser) mit Backpapier auslegen. Die Amarettini im Mixer fein mahlen und vorsichtig unter die Eiermasse heben. Dann die Schoko-Butter-Masse unterheben und alles auf die Formen verteilen. Den Teig im Ofen auf der zweiten Schiene von unten 20 bis 25 Minuten backen. Herausnehmen und auskühlen lassen.

3. Die Kuchen waagerecht durchschneiden und jeweils mit 1½ EL Saft oder Likör beträufeln. Das Chutney auf 3 Böden verstreichen, die Böden zusammensetzen und den vierten Boden daraufsetzen, dabei etwas andrücken.

4. Die Schokolade grob hacken und über dem heißen Wasserbad schmelzen. Den Kuchen mit der flüssigen Schokolade bestreichen. Bevor sie fest wird, mit Chiliflocken oder gehackten Nüssen verzieren. Der Kuchen hält sich, gut in Frischhaltefolie verpackt und gekühlt, längere Zeit.

SELBST GEMACHTER VANILLEZUCKER

3–4 Vanilleschoten im Ganzen im Küchenmixer fein mahlen. **200 g Zucker** dazugeben und alles gut vermischen. Auf Gläser verteilen und jeweils mit **ca. 1 TL abgeriebener Bio-Orangen-, Zitronen-, Mandarinen- oder Grapefruitschale** und nach Belieben **ca. 1 TL gemahlenen Rosa Pfefferbeeren, ca. 1 TL gemahlenen Tannennadeln** und **Basilikum oder Rosmarin** mischen. Verschließen.

TOMATENSUPPE MIT TOMATEN-CHUTNEY

Für 4 Personen

8 Tomaten oder 1 Dose geschälte Tomaten (800 g Abtropfgewicht)
1 l Tomatensaft
3–4 EL Tomaten-Chutney
1 EL Crème fraîche
4 Scheiben Schinken
2 Stangen Staudensellerie
1 Frühlingszwiebel
1 EL Öl
Salz • Pfeffer aus der Mühle
einige Basilikum- oder Korianderblätter oder Rosmarinnadeln

1. Die Tomaten waschen und in Stücke schneiden, dabei die Stielansätze entfernen. Falls Sie Dosentomaten verwenden, zerdrücken Sie sie etwas mit einer Gabel. Die Tomaten mit dem Stabmixer in einem hohen Rührbecher fein pürieren und in einen Topf geben. Tomatensaft, Tomaten-Chutney und Crème fraîche unterrühren und erhitzen, aber nicht kochen.

2. Inzwischen den Schinken in Streifen schneiden. Den Staudensellerie und die Frühlingszwiebel putzen, waschen und in feine Streifen schneiden. Das Öl erhitzen und den Schinken darin kurz anbraten. Herausnehmen. Den Staudensellerie und die Frühlingszwiebel im Bratsatz etwa 2 Minuten dünsten.

3. Den Schinken und das Gemüse in die Suppe geben, mit Salz und Pfeffer abschmecken. Kräuter nach Wahl hacken und darüberstreuen.

TIPP

Statt Schinken schmeckt auch Parmesankäse, den Sie am Schluss über die Suppe hobeln. Oder Sie beträufeln 200 g Fischfilet mit Zitronensaft, schneiden den Fisch in kleine Stücke und lassen ihn in der Suppe gar ziehen.

Und so wird daraus eine blitzschnelle Suppe: nur den Tomatensaft mit dem Chutney erhitzen und einen Löffel Frischkäse mit frischen Kräutern daraufgeben. Fertig!

FÜR NOTIZEN:

ZUCKERSCHOTENSUPPE MIT FEINEM VANILLEAROMA

Für 4 Personen

250 g Zuckerschoten
2–3 geh. EL Italienisches Chutney
¼ l Kokosmilch oder Kochsahne (7 % Fett)
¾ l Gemüse- oder Fleischbrühe
1 TL Vanillezucker
Salz • Pfeffer aus der Mühle
4 TL Ziegenfrischkäse oder Crème fraîche
einige Minzeblätter

1. Die Zuckerschoten putzen und waschen. 50 g davon abnehmen, in Rauten schneiden und beiseitelegen. Die restlichen Zuckerschoten, das Italienische Chutney und die Kokosmilch oder Kochsahne in einem Rührbecher mit dem Stabmixer pürieren.

2. Das Zuckerschotenpüree und die Brühe in einem Topf unter Rühren erhitzen, aber nicht kochen.

3. Die beiseitegelegten Zuckerschoten in einer Pfanne mit dem Vanillezucker karamellisieren.

4. Die Suppe mit Salz und Pfeffer abschmecken. Auf Teller verteilen und jeweils 1 TL Frischkäse oder Crème fraîche, einige karamellisierte Zuckerschoten und Minzeblätter darauf anrichten.

FÜR NOTIZEN:

PILZSUPPE MIT CASHEW-GRAPEFRUIT-CHUTNEY

Für 4 Personen

500 g braune Champignons
1 Zwiebel
½ l Gemüse- oder Fleischbrühe
250 g Kochsahne (7 % Fett)
4 EL Cashew-Grapefruit-Chutney
Salz • Pfeffer aus der Mühle
1 TL Öl
4 TL Frischkäse oder Ziegenfrischkäse
1 EL gehackter Rosmarin

1. Die Champignons putzen und, falls nötig, trocken abreiben. In Viertel schneiden. 100 g davon abnehmen und beiseitelegen. Die restlichen Pilze in einem Mixer fein pürieren. Die Zwiebel schälen und in feine Würfel schneiden.

2. Das Pilzpüree, die Brühe und die Kochsahne in einem Topf unter Rühren aufkochen. Das Cashew-Grapefruit-Chutney unterrühren und die Suppe mit Salz und Pfeffer abschmecken.

3. Das Öl in einer Pfanne erhitzen. Die Zwiebel und die beiseitegelegten Champignons darin etwa 3 Minuten braten. Mit Salz und Pfeffer würzen. Die gebratenen Pilze in die Suppe geben. Auf Teller oder Schüsseln verteilen und jeweils 1 TL Frischkäse daraufgeben und mit etwas Rosmarin bestreuen.

FÜR NOTIZEN:

TOFU IM MANGOLDMANTEL AUF MANGOSAUCE

Für 4 Personen

1 Glas (150 g) und 4 EL Mango-Chutney
5–6 EL Sojasauce
200 g Tofu
250 g Basmatireis mit Wildreis
Salz
8 große Mangoldblätter
2 TL Butter
2 TL Öl
Pfeffer aus der Mühle

1. Am Vortag 4 EL Mango-Chutney mit 4 EL Sojasauce verrühren und den Tofu darin über Nacht marinieren.

2. Am nächsten Tag den Reis nach Packungsanweisung in Salzwasser garen.

3. Inzwischen die Mangoldblätter in kochendem Salzwasser kurz blanchieren. Herausnehmen, trocken tupfen und jeweils den mittleren Strunk herausschneiden. In einem Topf 1 TL Butter und 1 TL Öl erhitzen und die Mangoldstrünke kurz darin andünsten. Dann 8 TL Mango-Chutney untermischen. Beiseitestellen.

4. Die Mangoldblätter auf der Arbeitsplatte auslegen. Den Tofu in 8 Scheiben schneiden und auf die Mangoldblätter legen. Die geschmorten Strünke darauf verteilen und die Blätter vorsichtig aufrollen. Mit Holzstäbchen feststecken. Das restliche Fett erhitzen und die Röllchen rundum 2 bis 3 Minuten anbraten.

5. Den Reis mit Salz und Pfeffer abschmecken. Das restliche Mango-Chutney und die übrige Sojasauce verrühren. Die Mangosauce als Spiegel auf Teller verteilen, den Reis und den Tofu im Mangoldmantel daraufsetzen.

TIPP

Sehr gut schmecken die Mangoldblätter auch mit Mozzarella oder Schafskäse (Feta).

FÜR NOTIZEN:

LAUCH-SUSHIS MIT GRÜNEM REIS

Für 4 Personen

70 g Rucola
200 ml Kokosmilch
1 Glas (150 g) Italienisches Chutney
350 g Express-Basmatireis
Salz • Pfeffer aus der Mühle
1 Möhre
2 Stangen Lauch
ca. ¼ Salatgurke
1 große Fleischtomate
1–2 rote oder gelbe Paprikaschoten
2 Hähnchenbrustfilets (à ca. 150 g; ohne Haut)
1 EL Öl
3 EL Sojasauce
6 cm milde Wasabipaste (jap. Meerrettich aus der Tube)
einige Basilikumblätter

1. Den Rucola verlesen, waschen und trocken schütteln, grobe Stiele entfernen. Den Rucola hacken. Mit Kokosmilch und 2 bis 3 EL Italienischem Chutney mit dem Stabmixer in einem Rührbecher pürieren. Den Reis in eine Pfanne geben, die Rucolamischung dazugeben, erhitzen und wieder abkühlen lassen. Mit Salz und Pfeffer abschmecken.

2. Die Möhre putzen, schälen und in Salzwasser 5 Minuten kochen. Inzwischen den Lauch putzen, waschen und in etwa 15 cm lange Stücke schneiden. Aufschneiden, zu der Möhre geben und 2 Minuten mitgaren. Das Gemüse herausnehmen und beiseitelegen. Etwas Gemüsewasser aufheben.

3. Die Gurke schälen. Die Tomate waschen. Die Paprikaschoten längs halbieren, entkernen und waschen. Gurke, Paprikaschoten und Tomate in schmale Streifen schneiden, dabei den Stielansatz entfernen.

4. Die Hähnchenbrustfilets waschen und trocken tupfen. Das Öl in einer Pfanne erhitzen und die Filets darin rundum etwa 10 Minuten braten. Mit Salz und Pfeffer würzen. Herausnehmen und in dünne Streifen schneiden.

5. Den Lauch in einzelne Blätter teilen, auf eine Sushimatte oder Frischhaltefolie legen und flach drücken. Den Reis daraufgeben und fest andrücken. Nach Belieben mit den vorbereiteten Zutaten belegen. Mithilfe der Sushimatte oder Folie fest aufrollen, die Enden abschneiden und die Rolle in mundgerechte Stücke schneiden.

6. Für die Sauce das restliche Chutney, die Sojasauce, die Wasabipaste und 3 EL Gemüsewasser mixen. Die Sushis mit der Sauce und den Basilikumblättern anrichten.

TIPP

Austauschen gewünscht: Probieren Sie statt Tomate Obst wie Mango, Birne oder Papaya. Anstelle von Hähnchenbrust schmeckt Thunfisch oder Tofu. Kinder mögen die Sushi mit Würstchen.

ASIATISCHE „PIZZA" MIT TOMATEN-CHUTNEY

Für 2–4 Personen

60 g Glasnudeln
8 Champignons
1 Paprikaschote
8 Cocktailtomaten
etwa 1 Glas (150 g) Tomaten-Chutney
Salz • Pfeffer aus der Mühle
2 Handvoll geriebener Käse
(z. B. junger Gouda)
Basilikumblätter zum Garnieren

1. Den Backofen auf 200 °C vorheizen. Die Glasnudeln nach Packungsanweisung garen. In ein Sieb abgießen und abtropfen lassen.

2. Die Champignons putzen und, falls nötig, trocken abreiben. In Scheiben schneiden. Die Paprikaschote längs halbieren, entkernen, waschen und in Streifen schneiden. Die Tomaten waschen und halbieren.

3. Die Glasnudeln auf ein mit Backpapier belegtes Backblech geben. Mit etwas Tomaten-Chutney bestreichen. Das Gemüse und die Pilze daraufgeben, mit Salz und Pfeffer würzen und mit dem geriebenen Käse bestreuen. Die asiatische „Pizza" im Ofen auf der zweiten Schiene von unten etwa 15 Minuten backen. Herausnehmen und mit Basilikumblättern garnieren.

FÜR NOTIZEN:

ÜBERBACKENE FENCHELSCHIFFCHEN MIT ITALIENISCHEM CHUTNEY

Für 4 Personen

4 Fenchelknollen
8 Feigen
8 Cocktailtomaten
150 g Roquefortkäse
1 Zweig Rosmarin
3–4 EL Italienisches Chutney (ersatzweise Papaya-Zitronen- oder Mango-Chutney)
100 g eingelegte gemischte Oliven
3–4 EL Gewürzöl (siehe Tipp S. 16) oder Olivenöl

1. Den Backofen auf 180 °C vorheizen. Den Fenchel putzen, waschen und halbieren, den harten Strunk entfernen. Den Fenchel in 1½ bis 2 cm dicke Scheiben schneiden und auf ein Backblech legen.

2. Die Feigen waschen und halbieren. Die Tomaten waschen. Den Käse in Scheiben schneiden. Den Rosmarin waschen, trocken tupfen und die Nadeln abzupfen.

3. Das Italienische Chutney auf dem Fenchel verteilen, die Feigen darauflegen und mit dem Käse belegen. Die Tomaten und die abgetropften Oliven in den Zwischenräumen verteilen. Den Rosmarin darüberstreuen. Mit dem Öl beträufeln. Im Ofen auf der mittleren Schiene 15 bis 20 Minuten überbacken.

FÜR NOTIZEN:

GEFÜLLTE AUBERGINE MIT SOJA-LINSEN-MIX

Für 4 Personen

4 Auberginen
100 g Sojaschnetzel
5 EL Sojasauce
160–200 g rote Linsen
Salz
2 rote Zwiebeln
1 Knolle junger Knoblauch
1 Möhre
8 kleine Tomaten
2 Zweige Thymian (ersatzweise getrockneter Thymian)
1 EL Öl zum Braten
1 Glas (150 g) Cashew-Grapefruit-Chutney
Pfeffer aus der Mühle
abgeriebene Schale von 1 Bio-Zitrone
Mungobohnensprossen zum Garnieren

1. Den Backofen auf 200 °C (180 °C Umluft) vorheizen. Die Auberginen putzen, waschen, auf ein Backblech legen und auf der zweiten Schiene von unten 20 bis 30 Minuten backen, bis sie etwas weich sind.

2. Inzwischen die Sojaschnetzel mit kochendem Wasser übergießen, die Sojasauce dazugeben und die Schnetzel etwa 10 Minuten einweichen. Die Linsen in kochendem Salzwasser 10 Minuten garen. Die Zwiebeln und den Knoblauch schälen und in feine Würfel schneiden. Die Möhre putzen, schälen und in feine Scheiben schneiden. Die Tomaten waschen. Den Thymian waschen, trocken tupfen und die Blättchen abzupfen.

3. Die Linsen in ein Sieb abgießen und abtropfen lassen. Die Auberginen aus dem Ofen nehmen und etwas abkühlen lassen. Dann der Länge nach halbieren, das Fruchtfleisch vorsichtig aus den Schalen lösen und zerkleinern. Die Schalen zum Füllen beiseitelegen.

4. Das Öl in einem Wok oder einer Pfanne erhitzen. Die Sojaschnetzel ausdrücken. Mit Zwiebeln, Knoblauch, Möhre und Tomaten in den Wok geben und etwa 5 Minuten dünsten.

5. Thymian, Auberginenfruchtfleisch, Linsen und Cashew-Grapefruit-Chutney hinzufügen und mit erhitzen. Mit Salz und Pfeffer abschmecken. Die Auberginenschalen damit füllen. Die Zitronenschale darüberstreuen. Die Mungobohnensprossen heiß abbrausen und zum Garnieren verwenden. Dazu passen asiatische Nudeln.

THAI-CURRY MIT TOFU UND ZUCKERSCHOTEN

Für 4 Personen

400 g Tofu
5 EL Sojasauce
8 EL Mango-Chutney
200 g Zuckerschoten
2 rote Paprikaschoten
1 EL Öl
1 Dose Kokosmilch
Salz • Pfeffer aus der Mühle
Chilipaste (siehe Tipp S. 15)

1. Am Vortag den Tofu in Stücke schneiden und in eine Schüssel geben. Die Sojasauce, 2 EL Mango-Chutney und 2 bis 3 EL Wasser verrühren, über den Tofu geben und zugedeckt über Nacht marinieren.

2. Am nächsten Tag die Zuckerschoten putzen und waschen. Die Paprikaschoten längs halbieren, entkernen, waschen und in kleine Rauten oder Streifen schneiden.

3. Das Öl in einer Pfanne erhitzen und den Tofu darin anbraten. Mit der Kokosmilch und etwa ¼ l Wasser ablöschen. Das restliche Mango-Chutney, die Zuckerschoten und die Paprika dazugeben und etwa 5 Minuten garen. Mit Salz, Pfeffer und Chili abschmecken. Dazu passen Bärlauch- oder Knoblauchnudeln, Reis oder Brot.

TIPP

Das Gemüse und das Chutney können Sie nach Belieben variieren, die Menge der Kokosmilch ist Geschmackssache.

FÜR NOTIZEN:

PAPAYASALAT MIT KNUSPERKERNEN

Für 4 Personen

1 große Papaya
1 mittelgroße Zwiebel
2 EL Papaya-Zitronen-Chutney
3 EL Orangensaft
Salz • Pfeffer aus der Mühle
Korianderblätter nach Belieben

1. Die Papaya halbieren und entkernen. Die Hälfte der Kerne mit Wasser abbrausen, trocken tupfen und in einer Pfanne ohne Fett anrösten. Beiseitestellen. Sie schmecken etwas pfeffrig. Das Fruchtfleisch aus der Schale lösen und in Würfel schneiden.

2. Die Zwiebel schälen, in dünne Ringe schneiden und vierteln. Das Papaya-Zitronen-Chutney mit dem Orangensaft verrühren. Mit Zwiebel, Papaya und Papayakernen in einer Schüssel mischen und mit Salz und Pfeffer abschmecken. Wer mag, mischt noch etwas Koriander unter.

FÜR NOTIZEN:

ITALIENISCHE SCHWEINEFILETROULADE IM PORTWEIN-ORANGENSUD

Für 4 Personen

1 Schweinefilet
Salz • Pfeffer aus der Mühle
1 Glas (150 g) Tomaten-Chutney
etwa 10 Basilikumblätter
1 Kugel Mozzarella (125 g)
200 g Cocktailtomaten
1 Knolle junger Knoblauch
einige Kräuterzweige (Basilikum, Zitronenthymian, Rosmarin)
Gewürzöl zum Braten (siehe Tipp S. 16)
100 g Oliven
2 EL Sojasauce
2 EL Austernsauce
50 ml Portwein (ersatzweise Rote-Bete-Saft)
50 ml frisch gepresster Orangensaft

1. Das Schweinefilet der Länge nach einschneiden und aufklappen, sodass eine große Roulade entsteht. Ein Stück Frischhaltefolie darauflegen und das Fleisch mit einer Pfanne flach klopfen. Mit Salz und Pfeffer würzen. Mit 2 EL Tomaten-Chutney bestreichen und die Basilikumblätter darauflegen.

2. Den Mozzarella in Scheiben schneiden, das Fleisch damit belegen und zu einer Roulade aufrollen. Mit Spießen zustecken und mit Salz und Pfeffer würzen.

3. Den Backofen auf 200 °C vorheizen. Die Tomaten waschen. Den Knoblauch schälen und in Scheiben schneiden. Die Kräuter waschen und trocken schütteln. Das Gewürzöl in einer ofenfesten Pfanne (falls vorhanden: Grillpfanne) erhitzen und das Fleisch darin rundum anbraten. Die Tomaten, den Knoblauch und die Kräuter dazugeben und 4 Minuten weiterbraten. Das Fleisch im Ofen auf der mittleren Schiene etwa 10 Minuten garen.

4. Das restliche Chutney und die Oliven hinzufügen. In das leere Chutney-Glas die Soja- und die Austernsauce geben und mit dem Portwein auffüllen. Den Orangensaft dazugießen. Die Sauce zur Roulade geben und weitere 30 Minuten im Ofen garen.

5. Die Roulade aus dem Ofen nehmen, die Kräuter entfernen und das Fleisch in Scheiben schneiden. Mit der Sauce anrichten. Dazu passen Nudeln oder Brot.

FÜR NOTIZEN:

FETA-WIRSINGROULADEN AUF KARTOFFELBETT

Für 4 Personen

8 Wirsingblätter
Salz
2 Möhren
8 Champignons
1 rote Zwiebel
1 Knolle junger Knoblauch
200 g Schafskäse (Feta)
8 TL Italienisches Chutney
etwas abgeriebene Bio-Zitronenschale
Pfeffer aus der Mühle
4 festkochende Kartoffeln
5–6 EL Gewürzöl (siehe Tipp S. 16) oder Öl

1. Die Wirsingblätter waschen und in kochendem Salzwasser 2 bis 3 Minuten blanchieren. Herausnehmen, kalt abschrecken und abtropfen lassen. Nebeneinander auf eine Arbeitsfläche legen, trocken tupfen und die Blattrippen flach schneiden.

2. Die Möhren putzen, schälen und mit dem Sparschäler in Streifen schneiden. Die Champignons putzen und, falls nötig, trocken abreiben. In Streifen schneiden. Die Zwiebel schälen, längs halbieren und in dünne Scheiben schneiden. Den Knoblauch schälen und in feine Scheiben schneiden. Den Schafskäse zerbröckeln.

3. Die Wirsingblätter mit je 1 TL Italienischem Chutney bestreichen. Alle vorbereiteten Zutaten und die Zitronenschale darauf verteilen. Mit Salz und Pfeffer würzen. Die Wirsingblätter aufrollen, dabei die Seiten leicht über die Füllung schlagen. Mit Zahnstochern oder Rouladennadeln zustecken.

4. Den Backofen auf 180 °C Umluft vorheizen. Die Kartoffeln schälen, waschen und in dünne Scheiben hobeln. Mit Salz und Pfeffer würzen. Den Boden einer Auflaufform damit auslegen. Die Rouladen darauflegen und mit dem Öl beträufeln. Im Ofen auf der zweiten Schiene von unten 25 bis 30 Minuten backen.

TIPP

Zu den Wirsingrouladen passt auch Tomaten- oder Mango-Chutney. Der Schafskäse lässt sich durch Hähnchen oder Fisch ersetzen.

GEBACKENER SPITZKOHL AUF KICHERERBSENRAGOUT

Für 4 Personen

2 kleine Spitzkohle
1 rote Zwiebel
8 Strauchtomaten
1 Knolle junger Knoblauch oder
3–4 Knoblauchzehen
1 Dose Kichererbsen
(265 g Abtropfgewicht)
1 TL Öl
8 EL Papaya-Zitronen-Chutney
Salz • Pfeffer aus der Mühle
6–8 EL Gewürzöl (siehe Tipp S. 16)
oder Öl

1. Vom Spitzkohl die äußeren Blätter entfernen. Den Kohl halbieren, den Strunk entfernen und waschen. Die Spitzkohlhälften in eine Auflaufform legen.

2. Die Zwiebel schälen und in kleine Würfel schneiden. Die Tomaten waschen und klein schneiden, dabei die Stielansätze entfernen. Den Knoblauch schälen und in dünne Scheiben schneiden. Die Kichererbsen in ein Sieb abgießen, kalt abbrausen und gut abtropfen lassen.

3. Den Backofen auf 180 °C Umluft vorheizen. Das Öl in einer Pfanne erhitzen und die Kichererbsen darin ganz trocknen lassen. Zum Kohl in die Auflaufform geben. Die Tomaten, die Zwiebel und den Knoblauch hinzufügen. Das Papaya-Zitronen-Chutney auf dem Spitzkohl verteilen. Mit Salz und Pfeffer würzen. Das Öl großzügig darüberträufeln.

4. Den Spitzkohl im Ofen auf der mittleren Schiene 20 Minuten backen. Als Beilage passt Fladenbrot.

TIPP

Spitzkohl hat gerade keine Saison? Dieses Gericht schmeckt auch mit dem etwas milderen Chinakohl.

FÜR NOTIZEN:

ZANDERFILET MIT ZUCCHINISTREIFEN UND SÜSSKARTOFFEL-SCHAUM

Für 4 Personen

500 g Zanderfilet mit Haut
Saft von 1 Zitrone
ca. 500 g Süßkartoffeln
2 Stangen Staudensellerie
8 EL Sahne
Salz • Pfeffer aus der Mühle
4 kleine Zucchini
12 Champignons
1 kleine Zwiebel
Öl zum Braten
2 EL Italienisches Chutney
4 EL Cashew-Grapefruit-Chutney
2 EL Frischkäse oder Crème fraîche
1 Tasse schwarzer Kaffee
Öl zum Frittieren

1. Das Zanderfilet waschen, trocken tupfen und in 4 Portionen teilen. Die Haut kreuzweise einritzen. Mit dem Zitronensaft beträufeln.

2. Die Süßkartoffeln schälen, etwa 100 g für die Chips beiseitelegen und den Rest in kleine Stücke schneiden. Den Staudensellerie putzen, waschen und klein schneiden. Die Süßkartoffeln und den Sellerie zusammen mit der Sahne, 8 EL Wasser, Salz und Pfeffer weich garen. Abgießen und die Flüssigkeit auffangen. Die Süßkartoffeln mit dem Stabmixer pürieren und schaumig aufschlagen. Eventuell noch etwas Kochflüssigkeit unterrühren.

3. Die Zucchini putzen, waschen und mit dem Spiralschneider in lange „Nudeln" schneiden. Die Champignons putzen und, falls nötig, trocken abreiben. In Scheiben schneiden. Die Zwiebel schälen und in feine Würfel schneiden.

4. Etwas Öl in einer Pfanne erhitzen und die Zucchini darin anbraten. Mit Salz und Pfeffer würzen. Das Italienische Chutney untermischen. Die Champignons und die Zwiebel in etwas heißem Öl anbraten. Cashew-Grapefruit-Chutney, Frischkäse oder Crème fraîche und Kaffee dazugeben und einköcheln lassen. Eventuell noch 1 TL Sahne oder Frischkäse hinzufügen. Mit Salz und Pfeffer abschmecken.

5. Den Backofen auf 80 °C vorheizen. Das Zanderfilet mit Salz und Pfeffer würzen und in heißem Öl in einer ofenfesten Pfanne auf der Hautseite etwa 2 Minuten kross braten, dann im Ofen etwa 5 Minuten weitergaren.

6. Die beiseitegelegte Süßkartoffel in dünne Scheiben hobeln und zwischen zwei Lagen Geschirrhandtüchern trocken tupfen. Etwa 3 cm hoch Öl in einem kleinen Topf (etwa 12 cm Durchmesser) erhitzen und die Süßkartoffelscheiben darin portionsweise goldbraun frittieren. Herausnehmen, auf Küchenpapier abtropfen lassen und mit Salz würzen.

7. Zucchini, Champignons und Zanderfilet auf Tellern anrichten. Den Süßkartoffelschaum daraufgeben und mit den Chips garnieren.

MÖHREN – MEIN LIEBLINGSGEMÜSE

Sie sind das ganze Jahr über zu haben, lassen sich aber auch wunderbar lagern und sind daher jederzeit griffbereit und vielfältig einsetzbar. Außerdem sind sie noch gesund – und gegart mit ihrer süßlichen Note bei Kindern und Erwachsenen gleichermaßen beliebt. Wenn man Möhren im Kühlschrank hat, kann also eigentlich nichts mehr schiefgehen!

ALS SALAT

Für 4 Personen **1 Bund Möhren** putzen, dabei das Grün aufbewahren. Die Möhren schälen und fein reiben. **3 Äpfel** schälen, vierteln, entkernen und fein reiben. **1 rote Zwiebel** schälen und in dünne Ringe schneiden. **1 Stange Lauch** putzen, waschen und in dünne Ringe schneiden. Alle Zutaten mischen.

Etwas **Papaya-Zitronen-Chutney** und **2 bis 3 EL Orangensaft** verrühren und mit **Salz** und **Pfeffer** abschmecken. Zum Salat geben und mischen. Das Grün hacken und darüberstreuen.

ALS PÜREE

Für 4 Personen **750 g Möhren** putzen, schälen und in kleine Stücke schneiden. Die Möhren in **¼ l Milch** mit einem **Stück Butter** weich garen und mit dem Stabmixer grob pürieren. Mit **Salz** und **Pfeffer** würzen. Mit kross gebratener Zucchini und einem Spiegelei oder Bratwurst wird daraus eine ganze Mahlzeit.

IM REIBEKUCHEN

Für ca. 8 Reibekuchen **4 große Möhren mit Grün** putzen, dabei das Grün aufbewahren. Möhren schälen und grob reiben. **1 große Zwiebel** schälen und fein reiben. **6 bis 8 Scheiben Vollkorn-Knäckebrot** zerbröseln und mit Möhren, Zwiebel, **2 Eiern** und **1 bis 2 EL Paniermehl** mischen. Das Grün hacken und untermischen. Mit **Salz** und **Pfeffer** abschmecken.

Aus der Masse 8 kleine Bratlinge formen und portionsweise in heißem **Öl** etwa 6 Minuten braten. Dazu passt ein Salat.

TIPP

Für Gäste kleine Reibekuchen zubereiten und zum Beispiel mit Kräuterquark, Chutney, Senf, Lachs, Thunfisch oder Muscheln anrichten.

IM AUFLAUF

Für 4 Personen **2 Bund Möhren** putzen, dabei das Grün aufbewahren. Möhren schälen und in dünne Scheiben schneiden. Das Grün hacken. **1 Stange Lauch** putzen, waschen und in dünne Ringe schneiden. **Etwa 300 g Hähnchenbrustfilets** waschen, trocken tupfen und in kleine Stücke schneiden. Mit **Salz** und **Pfeffer** würzen.

Den Backofen auf 200 °C Umluft vorheizen. Die Möhren in etwas Salzwasser 3 Minuten garen. Mit Lauch, Hähnchenbrust und Möhrengrün in eine Auflaufform schichten.

Etwa **100 g Käse** (z.B. mittelalter Gouda oder Parmesan) reiben und mit **3 bis 4 Eiern** und **1 bis 2 EL Sojasauce** verrühren. Die Eiermasse über den Auflauf geben und im Ofen 15 Minuten backen. Dann die Temperatur auf 100 °C reduzieren und den Auflauf weitere 1½ Stunden backen.

Aus dem Ofen nehmen, auskühlen lassen, stürzen, in Scheiben schneiden und zu einem Salat servieren.

ALS SPAGHETTI

Für 4 Personen **2 Bund Möhren** putzen, dabei das Grün aufbewahren. Möhren schälen und mit einem Spiralschneider in dünne Spiralen schneiden. Das **Möhrengrün** hacken. **1 Knolle jungen Knoblauch** schälen und hacken. **300 g Champignons** putzen, trocken abreiben und je nach Größe halbieren oder vierteln.

Die Pilze und den Knoblauch in einer Pfanne in heißem **Öl** kurz braten. Mit **Salz** und **Pfeffer** würzen.

Die Möhrenspaghetti kurz in kochendem Wasser schwenken. Abtropfen lassen und mit den Pilzen mischen. Das Grün dazugeben und die Möhrenspaghetti servieren.

AUF DEM FLAMMKUCHEN

Für 1 Person **ca. 100 g Gemüse (z.B. Möhre, Zucchini, Champignons, Zwiebel)** putzen und waschen oder schälen. Möhre und Zucchini auf der Gemüsereibe raspeln, Champignons klein schneiden, Zwiebel in Ringe schneiden. Nach Belieben **1 Chilischote** putzen, waschen und fein hacken.

Den Backofen auf 250 °C vorheizen. **1 Flammkuchenteig** (aus dem Kühlregal) mit dem Papier auf einem Backblech ausrollen.

Den Teig mit **Crème fraîche** oder einem **Chutney nach Wahl** bestreichen. Das Gemüse darauf verteilen und mit **Salz**, **Pfeffer**, **abgeriebener Bio-Zitronenschale** und **gehacktem Thymian oder Basilikum** würzen. **Etwa 100 g Mozzarella** (oder anderen Käse) in Würfel schneiden und darüberstreuen. Den Flammkuchen im Ofen auf der mittleren Schiene nach Packungsanweisung backen.

TIPP

Für 4 Personen verschiedene Beläge verwenden – das sieht nicht nur schön aus, es ist auch für jeden etwas dabei. Gut eignen sich zum Beispiel geraspelte Rote Bete, Thunfisch oder Schinken. Sie sollten nur nicht zu viel auf den Teig legen, sonst wird er nicht knusprig.

PELLKARTOFFELAUFLAUF MIT SPITZKOHL

Für 4 Personen

500 g festkochende Kartoffeln
1 Zweig Rosmarin
Salz
250 g Brokkoli
1 kleiner Spitzkohl
Fett für die Form
Pfeffer aus der Mühle
2 Zwiebeln
1 Knolle junger Knoblauch
150 g kleine Tomaten
200 g Champignons
1 Dose Thunfisch (im eigenen Saft)
150 g eingelegte gemischte Oliven
4–5 EL Tomaten-Chutney
5 EL Öl

1. Die Kartoffeln mit der Schale gründlich waschen und mit dem Rosmarin in Salzwasser etwa 20 Minuten weich garen. Die Kartoffeln abgießen, ausdampfen lassen und mit Schale in Scheiben schneiden.

2. Den Brokkoli putzen, waschen und in Röschen teilen. Von dem Spitzkohl die äußeren Blätter entfernen. Den Strunk herausschneiden und den Kohl kurz in kochendem Salzwasser blanchieren. Herausnehmen, die Blätter ablösen und eine gefettete Auflaufform damit auslegen. Den Brokkoli in dem Wasser kurz blanchieren. Herausnehmen und beiseitelegen. Die Kartoffelscheiben auf den Kohl legen, mit Salz und Pfeffer würzen.

3. Den Backofen auf 200 °C (180 °C Umluft) vorheizen. Die Zwiebeln und den Knoblauch schälen und in feine Scheiben hobeln oder schneiden. Die Tomaten waschen und halbieren. Die Champignons putzen und, falls nötig, trocken abreiben. Den Thunfisch abtropfen lassen und zerpflücken.

4. Brokkoli, Zwiebeln, Knoblauch, Pilze, Tomaten, Thunfisch und abgetropfte Oliven auf den Kartoffelscheiben verteilen. Mit Salz und Pfeffer würzen. Das Tomaten-Chutney und das Öl darüberträufeln. Die Form abdecken und den Auflauf im Ofen auf der zweiten Schiene von unten 20 bis 30 Minuten backen.

TIPP

Dies ist eins meiner Lieblingsrezepte, da man alles verbrauchen kann, was im Kühlschrank ist. Hier passt jedes Gemüse, Schinken oder Wurst.

GRÜNES WOKGEMÜSE MIT BIRNEN-CHUTNEY

Für 4 Personen

4–5 Stangen Staudensellerie
1 Fenchelknolle
1 Zwiebel
1 kleiner Brokkoli
1 Avocado
1–2 Hähnchenbrustfilets (à ca. 150 g; ohne Haut)
2–3 EL Erdnüsse
1 EL Öl
Salz • Pfeffer aus der Mühle
3 EL Sojasauce
1 Glas (150 g) Birnen-Chutney
abgeriebene Schale von 1 Bio-Zitrone

1. Den Staudensellerie putzen, waschen und in Stücke schneiden. Den Fenchel putzen, waschen und halbieren und den harten Strunk entfernen. Den Fenchel in Streifen schneiden. Die Zwiebel schälen und in Würfel schneiden. Den Brokkoli putzen, waschen und in Röschen teilen. Die Avocado halbieren und den Kern entfernen. Die Avocadohälften schälen und das Fruchtfleisch in Stücke schneiden.

2. Hähnchenbrustfilets waschen, trocken tupfen und in Streifen bzw. in mundgerechte Stücke schneiden.

3. Die Erdnüsse in einem Wok oder in der Pfanne ohne Fett anrösten und herausnehmen. Das Öl im Wok erhitzen und das Hähnchenfleisch darin rundum etwa 3 Minuten braten. Mit Salz und Pfeffer würzen. Herausnehmen. Staudensellerie, Zwiebel, Fenchel und Avocado in dem Bratfett etwa 5 Minuten braten.

4. Inzwischen den Brokkoli in kochendem Wasser mit der Sojasauce etwa 5 Minuten bissfest garen.

5. Das Fleisch und den Brokkoli in den Wok geben. Eine Kelle Brokkoli-Garflüssigkeit und das Birnen-Chutney unterrühren. Mit Salz, Pfeffer und Zitronenschale abschmecken. Die Erdnüsse darüberstreuen. Als Beilage passt Brot oder Reis.

FÜR NOTIZEN:

WÜRSTCHENGULASCH MIT TOMATEN-CHUTNEY

Für 4 Personen

4 Wiener Würstchen
500 g Tomaten
100 g braune Champignons
200 g Möhren
2 TL Öl
1 Glas (150 g) Tomaten-Chutney
Salz • Pfeffer aus der Mühle

1. Die Würstchen in Scheiben schneiden. Die Tomaten waschen und vierteln, dabei die Stielansätze entfernen. Die Champignons putzen und, falls nötig, trocken abreiben. In Scheiben schneiden. Die Möhren putzen, schälen und in Scheiben schneiden.

2. Das Öl in einer Pfanne erhitzen und die Würstchen darin anbraten. Das Gemüse dazugeben und 8 bis 10 Minuten mitbraten. Das Tomaten-Chutney dazugeben, erhitzen und alles mit Salz und Pfeffer abschmecken. Dazu passen Spaghetti.

TIPP

Ein ideales schnelles Essen für die ganze Familie! Das Gulasch schmeckt auch mit Tofu und Parmesankäse anstelle der Wiener Würstchen.

FÜR NOTIZEN:

HÄHNCHEN-MANGO-CURRY

Für 4 Personen

2 Hähnchenbrustfilets (à ca. 150 g; ohne Haut)
2 Stangen Staudensellerie
1 Möhre
1 Stück Ingwer
Salz • Pfeffer aus der Mühle
ca. 1 EL Currypaste
Öl zum Braten
200 ml Kokosmilch
100–150 g Mango-Chutney
Mungobohnensprossen
einige Korianderblätter

1. Die Hähnchenbrustfilets waschen, trocken tupfen und in Würfel schneiden. Den Staudensellerie putzen, waschen und in Stücke schneiden. Die Möhre putzen, schälen und in Scheiben schneiden. Den Ingwer schälen und in Scheiben schneiden.

2. Hähnchenbrustwürfel, Sellerie, Möhre und Ingwer in einen Topf geben und so viel Wasser dazugießen, bis alles bedeckt ist. Mit Salz, Pfeffer und Currypaste würzen. Aufkochen und etwa 15 Minuten garen.

3. Das Hähnchenfleisch und das Gemüse herausnehmen. Die Brühe durch ein Sieb in einen Topf gießen und beiseitestellen.

4. Das Öl in einem Wok oder in einer Pfanne erhitzen und das Fleisch darin kurz anbraten. Kokosmilch, etwas Brühe (restliche Brühe anderweitig verwenden), Mango-Chutney und Gemüse hinzufügen. Die Sprossen waschen, abtropfen lassen, zum Curry geben und erhitzen. Die Korianderblätter waschen, trocken tupfen und darüberstreuen.

TIPP

Wer keinen Koriander mag, verwendet Minze oder Zitronenmelisse.

FÜR NOTIZEN:

BROTBURGER MIT MANGO-SAUERKRAUT

Für 4 Personen

Für die Burger:
2–3 altbackene Brötchen
(Sorte nach Geschmack)
2 Eier • 4 EL Sojasauce
(ersatzweise Brühe oder Milch)
2–3 Frühlingszwiebeln
1 Paprikaschote
1 Knoblauchzehe nach Belieben
Öl zum Braten
3 Scheiben Schwarzbrot
3 geh. EL Mango-Chutney
Salz • Pfeffer aus der Mühle
5–6 EL Paniermehl

Für das Sauerkraut:
1 Dose mildes Sauerkraut
(400 g Füllmenge)
2 geh. EL Mango-Chutney

Außerdem:
Salatblätter
rote Zwiebelringe
Mangospalten
Tomatenscheiben
gebratenes Hähnchenfleisch
in Streifen

1. Für die Burger die Brötchen in Würfel schneiden. Die Eier mit der Sojasauce und etwas Wasser verquirlen und die Brötchenwürfel darin einweichen.

2. Die Frühlingszwiebeln putzen, waschen und klein schneiden. Die Paprikaschote längs halbieren, entkernen, waschen und grob raspeln. Nach Belieben den Knoblauch schälen und fein hacken. In einer Pfanne 1 TL Öl erhitzen und Paprikaschote, Frühlingszwiebeln und Knoblauch darin anbraten.

3. Das Schwarzbrot fein zerkrümeln. Gemüse, Mango-Chutney und Schwarzbrot zur Brötchenmasse hinzufügen. Mit Salz und Pfeffer würzen und alles gut durchkneten. Zugedeckt 1 Stunde stehen lassen.

4. Das Paniermehl unterkneten. Aus der Masse 8 Bratlinge formen. Öl in einer Pfanne erhitzen und die Bratlinge darin rundum etwa 10 Minuten braten.

5. Für das Sauerkraut das Kraut abtropfen lassen, etwas zerpflücken und in einen Topf geben. Das Mango-Chutney hinzufügen und alles 5 Minuten köcheln lassen.

6. Einen Bratling auf einen Teller legen. Salatblatt, Sauerkraut, Zwiebel, Mango, Tomate und Hähnchenfleisch daraufschichten. Dann einen zweiten Bratling auflegen und erneut die Zutaten darauflegen. Auf die gleiche Weise 3 weitere Burger zubereiten.

TIPP

Man kann jedes Lieblingsgemüse statt des Sauerkrauts nehmen, auch das Chutney ist austauschbar.

RAVIOLI MIT BIRNEN, BOHNEN UND SCHINKEN

Für 4 Personen

400 g grüne Bohnen
Salz
2 Birnen
2 Packungen gefüllte Ravioli
(à 250 g, z. B. mit Steinpilz- oder Walnussfüllung)
1 TL Öl
75–100 g magere Schinkenwürfel
1 EL Butter
1 EL Frischkäse oder Ziegenfrischkäse
4 EL Birnen-Chutney
Pfeffer aus der Mühle

1. Die Bohnen putzen, waschen und in reichlich kochendem Salzwasser 10 bis 12 Minuten bissfest garen. Die Birnen waschen, vierteln und entkernen. Die Birnenviertel in dünne Spalten schneiden.

2. Die Bohnen herausnehmen und abtropfen lassen. Die Ravioli im Bohnenkochwasser nach Packungsanweisung garen. Herausheben. Das Wasser aufbewahren.

3. Das Öl in einer Pfanne erhitzen und die Schinkenwürfel darin knusprig braten und herausnehmen. Die Hälfte der Butter in der Pfanne zerlassen. Die Bohnen und Ravioli darin schwenken und wieder herausnehmen. Die restliche Butter in die Pfanne geben und die Birnen darin 2 bis 3 Minuten anbraten. Herausnehmen.

4. Den Frischkäse mit 3 bis 4 EL Kochwasser und dem Birnen-Chutney verrühren und mit Salz und Pfeffer abschmecken. Die Frischkäsesauce zu den Ravioli geben. Die Birnen, die Bohnen und die Ravioli mit der Sauce anrichten und mit den knusprigen Schinkenwürfeln bestreuen.

FÜR NOTIZEN:

LAMMRÜCKEN MIT CHUTNEY-KRUSTE

Für 4 Personen

Für den Lammrücken:
3–4 Lammlachse
Pfeffer aus der Mühle
2 Scheiben Vollkorn-Knäckebrot
4 geh. TL Cashew-Grapefruit-Chutney
1 EL Butter
½ TL gehackter Rosmarin oder Thymian
Salz
Öl zum Braten
3–4 Zweige Rosmarin

Für das Gemüse:
1 Tasse Reismischung mit Wildreis
Salz
4 Stangen Staudensellerie
1–2 Avocados
4 Champignons
2 EL Öl oder Gewürzöl (siehe Tipp S. 16)
½ TL Butter
Pfeffer aus der Mühle
1 EL Cashew-Grapefruit-Chutney
150 ml Rotwein oder Rote-Bete-Saft

1. Für den Lammrücken das Fleisch waschen, trocken tupfen und mit Pfeffer würzen. Das Knäckebrot fein zerbröseln. Mit dem Cashew-Grapefruit-Chutney, der Butter und den Kräutern mischen. Mit Salz und Pfeffer abschmecken.

2. Für das Gemüse den Reis nach Packungsanweisung in Salzwasser kochen. Den Staudensellerie putzen, waschen und in feine Scheiben schneiden. Die Avocados halbieren und die Steine entfernen. Die Avocadohälften schälen und das Fruchtfleisch in Scheiben schneiden. Die Champignons putzen und, falls nötig, trocken abreiben. In Scheiben schneiden.

3. Den Backofengrill einschalten. Etwas Öl in einer ofenfesten Pfanne erhitzen und das Fleisch darin auf jeder Seite 2 bis 3 Minuten anbraten. Die Chutney-Knäckebrot-Butter darauf verteilen. Jeweils 1 Zweig Rosmarin darauflegen und die Lammlachse unter dem Grill 3 bis 4 Minuten überbacken.

4. Inzwischen etwas Öl in einer Pfanne erhitzen und den Staudensellerie darin 2 Minuten andünsten. Die Butter dazugeben und mit Salz und Pfeffer würzen. Herausnehmen. Die Avocados im Bratfett kurz anbraten.

5. Das Fleisch aus dem Ofen und der Pfanne nehmen und ruhen lassen. Die Champignons in dem Bratfett kurz anschwenken. Das Cashew-Grapefruit-Chutney untermischen. Mit dem Wein oder dem Rote-Bete-Saft ablöschen und einkochen lassen. Mit Salz und Pfeffer abschmecken. Die Lammlachse mit dem Gemüse und dem Reis anrichten.

TIPP

Noch schneller ist dieses Gericht fertig, wenn Sie anstelle der Reismischung Express-Reis verwenden.

JOGHURTNOCKEN AUF SÜSSEM TOMATENSPIEGEL

Für 4 Personen

Für die Joghurtcreme:
500 g griechischer Joghurt (10 % Fett)
75 g Ziegenfrischkäse
1 Päckchen Sofortgelatine
½ Päckchen Vanillesauce ohne Kochen
1 EL Vanillezucker
Rosa Pfefferbeeren

Für die Sauce:
10 Cocktailtomaten
2 geh. EL Tomaten-Chutney
1 EL Zucker
1 geh. TL Vanillezucker
Rosa Pfefferbeeren
1 EL Sofortgelatine

Für die Verzierung:
6 Cocktailtomaten
Vanillezucker zum Wälzen
Sonnenblumenöl
12 Basilikumblätter
2 EL Puderzucker
Crema di Balsamico oder Schokoladensauce

1. Für die Joghurtcreme alle Zutaten in einer Schüssel verrühren und 1 bis 2 Stunden kühl stellen, bis die Masse fest ist.

2. Für die Sauce die Tomaten waschen und mit dem Stabmixer in einem hohen Rührbecher pürieren. Die restlichen Zutaten dazugeben und schaumig mixen.

3. Für die Verzierung die Tomaten waschen, vierteln, entkernen und trocken tupfen. Vanillezucker auf einen Teller geben und die Tomaten darin wälzen.

4. Etwa 2 cm hoch Öl in einem kleinen Topf erhitzen (es ist heiß genug, wenn sich an einem hineingehaltenen Holzlöffelstiel Blasen bilden). Die Tomatenstücke darin portionsweise kurz frittieren. Herausnehmen und auf Küchenpapier abtropfen lassen. Die Basilikumblätter ebenfalls im heißen Öl sehr kurz frittieren. Auf Küchenpapier abtropfen lassen.

5. Vier Teller dünn mit Puderzucker bestäuben. Die Tomatensauce als Spiegel darauf verteilen. Aus der Joghurtmasse mit einem Esslöffel 8 bis 12 Nocken abstechen und auf die Sauce setzen. Mit etwas Crema di Balsamico oder Schokoladensauce beträufeln. Die frittierten Tomaten und Basilikumblätter darauf anrichten.

BIRNEN-JOGHURTTRAUM MIT WALNÜSSEN

Für 4 Personen

1 Birne
50 g Walnusskerne
½ TL Butter
2 TL Vanillezucker (z.B. mit Tannennadeln, siehe S. 55)
2 EL Birnen-Chutney
250 g griechischer Joghurt (10 % Fett)
250 g Naturjoghurt
2 EL getrocknete Blaubeeren

1. Die Birne waschen, vierteln, entkernen und in kleine Stücke schneiden. Die Walnüsse hacken. Die Butter mit 1 TL Vanillezucker in einer Pfanne schmelzen, die Walnüsse dazugeben und karamellisieren. Herausnehmen.

2. Das Birnen-Chutney mit dem restlichen Vanillezucker verrühren. Beide Joghurtsorten unterrühren. Joghurtcreme, Walnüsse, getrocknete Blaubeeren und Birne abwechselnd in Gläser schichten.

TIPP

Dieses Dessert lässt sich nach Belieben variieren: Sie bekommen keine getrockneten Blaubeeren? Probieren Sie das Rezept mit Cranberrys oder Rosinen. Oder nehmen Sie frisches, klein geschnittenes Obst. Außerdem passt in die Joghurtcreme auch jedes andere fruchtige Chutney.

FÜR NOTIZEN:

VANILLE-CASHEW-CREME MIT GEBRATENER BANANE

Für 4 Personen

Für die Creme:
4 geh. EL griechischer Joghurt (10 % Fett)
2 geh. EL Frischkäse oder Ziegenfrischkäse
2 geh. EL Vanillezucker
2 EL Cashew-Grapefruit-Chutney
1 EL Orangenlikör (z. B. Grand Manier) nach Belieben

Außerdem:
2 TL Butter
1 geh. EL Vanillezucker
4 geh. EL Haferflocken oder Müsli mit getrockneten Beeren
1–2 Orangen
2–3 Bananen
Schokoladensauce
karamellisierte Walnüsse nach Belieben (siehe S. 49)

1. Für die Creme alle Zutaten in einer Schüssel verrühren.

2. In einer Pfanne 1 TL Butter mit dem Vanillezucker schmelzen. Die Haferflocken oder das Müsli dazugeben und karamellisieren. Herausnehmen und beiseitestellen.

3. Die Orangen so großzügig schälen, dass auch die weiße Haut mit entfernt wird. Die Filets zwischen den einzelnen Trennwänden herausschneiden. Die Bananen schälen, in Scheiben schneiden und in der restlichen Butter kurz anbraten.

4. Zum Anrichten die Haferflocken oder das Müsli auf Teller verteilen, in die Mitte die Joghurtcreme geben. Darum herum die Bananen und Orangenfilets anrichten. Etwas Schokoladensauce darüberträufeln und nach Belieben mit einem Stäbchen auseinanderziehen. Am Rand, wenn man möchte, karamellisierte Walnüsse verteilen.

TIPP

Von den karamellisierten Haferflocken kann man ohne Weiteres das Doppelte zubereiten. Sie eignen sich super für den Vorrat!

FÜR NOTIZEN:

CREMIGE MANGO-CHUTNEY-TORTE

Für 1 Torte

Für den Boden:
100 g schnittfestes altbackenes Brot oder Brötchen
70 g Amarettini
80 g gehackte Mandeln
80 g weiche Butter
2 Eigelb
2 EL Mango-Chutney
½ Tafel Schokolade (70 % Kakaoanteil)

Für die Creme:
2 Mangos
500 g griechischer Joghurt (10 % Fett)
250 g Hüttenkäse
2 EL Vanillezucker
3 Päckchen Sofortgelatine
4 geh. EL Mango-Chutney

Für den Tortenguss:
1 geh. EL Mango-Chutney
1 Päckchen Sofortgelatine (ersatzweise Tortenguss-Fertigprodukt)

1. Für den Boden eine Springform (26 cm Durchmesser) mit Backpapier auslegen. Brot oder Brötchen klein schneiden. Die Amarettini zerbröseln. Beides in eine Schüssel geben. Mandeln, Butter, Eigelbe und Chutney dazugeben und mit den Knethaken des Handrührgeräts verkneten. Den Teig zugedeckt 1 Stunde kühl stellen.

2. Den Backofen auf 200 °C (Umuft 180 °C) vorheizen. Den Teig in die Springform geben und mit den Händen gleichmäßig andrücken. Im Ofen auf der mittleren Schiene etwa 20 Minuten backen. Herausnehmen und auskühlen lassen.

3. Für die Creme die Mangos schälen und das Fruchtfleisch auf den flachen Seiten vom Stein schneiden. 1 Mango in Würfel, die andere in Scheiben schneiden. Joghurt, Hüttenkäse, Vanillezucker, Gelatine und Mango-Chutney verrühren. Die Mangowürfel unterrühren.

4. Inzwischen für den Boden die Schokolade grob hacken und über dem heißen Wasserbad schmelzen. Die geschmolzene Schokolade gleichmäßig auf den Tortenboden streichen und fest werden lassen. Die Mangocreme darauf glatt streichen und mit den Mangoscheiben belegen.

5. Für den Tortenguss das Mango-Chutney durch ein Sieb streichen. ¼ Tasse Wasser unterrühren. Gelatine einrühren. Sobald sie zu gelieren beginnt, den Guss auf die Mangoscheiben streichen und kühl stellen.

TIPP

Nach Belieben können Sie den Rand der Torte noch mit gerösteten Mandelblättchen verzieren. Und: Nachsüßen geht immer – wer es süßer mag, gibt noch etwas Zucker in die Creme.

SUSANN TILLS CHUTNEYS: EINE AUSWAHL

Spargel-Chutney: Fruchtig / Süß / Scharf
Spargel, Rhabarber, Zwiebel, Birne, Kiwano, Zucker, Balsamico, Ingwer, Senfkorn, Gewürze, Zitrone, Salz

Passt perfekt zu: Spargel, Käse, Salat, Brot, Eis, Fleisch, Raclette, Fondue und zu Gegrilltem

Quitten-Chutney: Süß / Milde Schärfe
Quitte, Kürbis, Papaya, Zwiebel, Zucker, Himbeeressig, Birne, Berberitze, Grapefruit, Ingwer, Senfkorn, Curry, Tandoori, Vanille, Salz

Passt perfekt zu: Käse, Fleisch, Süßspeisen, Salat, Raclette, Fondue und zu Gegrilltem

Aprikosen-Chutney: Fruchtig / Mittelscharf
Aprikose, Pflaume, Zwiebel, Chicoreé, Apfel, Tomate, Zucker, Balsamico, Ingwer, Senfkorn, Curry, Zitrone, Gewürze, Thymian, Salz

Passt perfekt zu: Käse, Brot, Gemüse, Geflügel, Obstsalat, Eis und zu Gegrilltem

Feige-Pflaume-Chutney: Fruchtig / Süß / Scharf
60 % Feige, 7 % Pflaume, Zwiebel, Apfel, Traube, Blaubeere, Dattel, Cranberry, Zucker, Orange, Grapefruit, Balsamico, Ingwer, Senfkorn, Curry, Tandoori, Gewürze, Salz

Passt perfekt zu: Käse, Wild, Lamm, Fleisch, Fisch, Brot, Scampi, Eis, Raclette, Fondue und zu Gegrilltem

Walnuss-Chutney: Würzig / Mittelscharf
Walnuss, Zwiebel, Cranberry, Apfel, Granatapfel, Mandarine, Zucker, Kaki, Rotweinessig, Zitrone, Ingwer, Senfkorn, Asia, Tandoori, Kardamom, Gewürze, Salz

Passt perfekt zu: Wild, Fleisch, Käse, Brot, Reis, Raclette, Fondue und zu Gegrilltem

Apfel-Chutney: Fruchtig / Mittelscharf
Apfel, Cranberry, Zwiebel, Rote Bete, Zucker, Rotweinessig, Ingwer, Senfkorn, Curry, Tandoori, Gewürze, Zitrone, Salz

Passt perfekt zu: Fleisch, Matjes, Käse, Brot, Gemüse, Suppen, Raclett, Fondue und zu Gegrilltem

Mix-It-Chutney: Fruchtig / Mittelscharf
Mango, Aprikose, Zwiebel, Physalis, Tomate, Apfel, Zucker, Ingwer, Senfkorn, Pfeffer, Zitrone, Balsamico, Gewürze, Kurkuma, Salz

Passt perfekt zu: Käse, Fleisch, Geflügel, Wild, Scampi, Brot, Salat, Gemüse, Raclette, Fondue und zu Gegrilltem

Orangen-Chutney: Fruchtig / Herb / Mittelscharf
Orange, Grapefruit, Zwiebel, Apfel, Möhre, Zucker, Balsamico, Curry, Ingwer, Senfkorn, Asia, Pfeffer, Gewürze, Salz

Passt perfekt zu: Käse, Fleisch, Fisch, Wild, Lamm, Brot, Gemüse, Eis, Raclette, Fondue und zu Gegrilltem

SCHÖN EINGEPACKT

Gläser bieten Platz für Glückwünsche und kreative Bastelideen. Bügelgläser werden zum Beispiel mit einer Schleife und einem kleinen Löffel zu einem willkommenen Geschenk. Oder Sie wickeln die fertigen Gläser in Folie oder verkleiden den Deckel mit einem Stück Stoff. Die Etiketten auf diesen Seiten können Sie einfach kopieren und entlang der gestrichelten Linien ausschneiden.
Die Vorlagen für die Etiketten können Sie sich auf www.zsverlag.de herunterladen.

MIT LIEBE SELBST GEMACHT

★ HOMEMADE

♥ KLEINES DANKESCHÖN

★ MIT LIEBE SELBST GEMACHT

★ FÜR DICH

★ 100% SELBST GEMACHT

IMPRESSUM

Kaiserstraße 14 b
D-80801 München

ISBN 978-3-89883-687-6
1. Auflage 2017

Projektleitung: Ines Alms
Rezepte: Susann Till
Texte: Susann Till, Astrid Saß, Marten Rolff (Vorwort), Ines Alms
Redaktionelle Mitarbeit: Janin Kuhnla
Lektorat: Regina Rautenberg
Grafische Gestaltung: Irene Schulz, Tina Till
Fotografie: Ann-Christin Baßin
Fotoassistenz: Monika Lauber (Cover)
Foodstyling: Jenny Susanti
Herstellung: Frank Jansen
Producing: Jan Russok
Druck & Bindung: optimal media GmbH, Röbel

Bildnachweis: Stockfood/PantherMedia (S. 20); Susie Eising, Martina Görlach (S. 14)

Im Buch enthaltene Fotos können zur eigenen Nutzung erworben werden unter www.stockfood.com

Die ZS Verlag GmbH ist ein Unternehmen der Edel AG, Hamburg.
www.zsverlag.de | www.facebook.com/zsverlag

Auf den Geschmack gekommen?

Balance-Küche für Feinschmecker: mit wenigen Zutaten und geringem Zeitaufwand gesund genießen.

Pascale Naessens
Einfach kochen voller Genuss
€ [D] 24,99
ISBN 978-3-89883-717-0

Trendfood trifft Schokolade: Matcha-Pulver, Früchte, Nüsse – süß verpackt in Pralinen und Konfekt.

Angelika Schwalber
Step by Step zur Pralinista
€ [D] 12,99
ISBN 978-3-89883-590-9

Gleich weiterlesen!

Jetzt überall, wo es gute Bücher gibt.